Johann Wolfgang von Goethe (1749–1832, geadelt 1782), wurde in Frankfurt am Main als Sohn eines Kaiserlichen Rats und einer Bürgermeisterstochter geboren. Als Dichter und Staatsmann, Künstler und Naturforscher entfaltete er eine schier unglaubliche Tätigkeit. Seit seinem dreiundzwanzigsten Lebensjahr war er ein Gegenstand öffentlicher Verehrung und wurde zum Repräsentanten deutscher Kultur in aller Welt. So unermüdlich, wie er war, so unerschöpflich ist sein Werk.

Johann Prossliner, geboren 1941 in Südtirol, lebt als Lektor und Schriftsteller in München, wo er aufgewachsen ist und mehrere Studiengänge absolviert hat. In London und München war er 25 Jahre lang als Universitätsdozent tätig. Viele seiner Arbeiten hat er unter anderem Namen publiziert; »Goetheaner« ist er seit seinem fünfzehnten Lebensjahr.

Johann Wolfgang von Goethe

Das Beste möcht' ich euch vertrauen

Lebensweisheiten

Herausgegeben von
Johann Prossliner

Deutscher Taschenbuch Verlag

Vom Herausgeber
sind im Deutschen Taschenbuch Verlag erschienen:
Das Lexikon der Nietzsche-Zitate (3367)
Friedrich Nietzsche: Heiterkeit, güldene
Gedichte (20672)
Kleines Lexikon der Schiller-Zitate (34145)
Friedrich Schiller: Des Lebens wechselvolles Spiel
Weisheiten (13271)

Originalausgabe
November 2006
Deutscher Taschenbuch Verlag GmbH & Co. KG,
München
www.dtv.de
© 2006 Deutscher Taschenbuch Verlag, München
Umschlagkonzept: Balk & Brumshagen
Umschlaggestaltung unter Verwendung einer
Goethe-Silhouette (Schattenriss von 1780)/akg-images
Gesetzt aus der Bembo
Satz: ServiceBüro Burgauner, München
Druck und Bindung: Druckerei C.H. Beck, Nördlingen
Gedruckt auf säurefreiem, chlorfrei gebleichtem Papier
Printed in Germany
ISBN-13: 978-3-423-13514-6
ISBN-10: 3-423-13514-X

INHALT

EXISTIEREN

Wer sich nicht zu viel dünkt, ist viel mehr, als er glaubt.
(XII, 530)

So eigensinnig widersprechend ist der Mensch: zu seinem
Vorteil will er keine Nötigung, zu seinem Schaden leidet
er jeden Zwang. (XII, 381)

Ich bin nun ganz eingeschifft auf der Woge der Welt –
voll entschlossen: zu entdecken, gewinnen, streiten, schei-
tern, oder mich mit aller Ladung in die Luft zu sprengen.
Aber laß mich von dir hören! es ist nicht genug daß du
mich liebst.
(An Lavater, Weimar, 6. März 1776)

Zwischen Lavater und Basedow
Saß ich bei Tisch des Lebens froh. ...
Und wie nach Emmaus weiter ging's
Mit Sturm- und Feuerschritten:
Prophete rechts, Prophete links,
Das Weltkind in der Mitten. (I, 90)

Es ist ganz einerlei, vornehm oder gering sein: das Menschliche muß man immer ausbaden. (XII, 512)

Der Müller denkt, es wachse kein Weizen, als damit seine Mühle gehe. (XII, 545)

Der Mensch begreift niemals, wie anthropomorphisch er ist. (XII, 530)

Die Schönheit kann nie über sich selbst deutlich werden. (XII, 468)

Alles Lebendige bildet eine Atmosphäre um sich her. (XII, 371)

Die Welt ist eine Glocke, die einen Riß hat: sie klappert, aber klingt nicht. (XII, 545)

Man sagt sich oft im Leben, daß man … je älter man wird, sich desto weniger in ein neues Geschäft einlassen solle. Aber man hat gut reden, gut sich und anderen raten. Älter werden heißt selbst ein neues Geschäft antreten; alle Verhältnisse verändern sich, und man muß … das neue Rollenfach übernehmen. (XII, 542)

Panoramic ability schreibt mir ein englischer Kritiker zu, wofür ich allerschönstens zu danken habe. (XII, 405)

Zu allen Zeiten sind es nur die Individuen, welche für die Wissenschaft gewirkt, nicht das Zeitalter. Das Zeitalter war's, das den Sokrates durch Gift hinrichtete, das Zeitalter, das Hussen verbrannte: die Zeitalter sind sich immer gleich geblieben. (XII, 428)

Kein Wunder, daß wir uns alle mehr oder weniger im Mittelmäßigen gefallen, weil es uns in Ruhe läßt; es gibt das behagliche Gefühl, als wenn man mit seinesgleichen umginge. (XII, 513)

Unter allen Völkerschaften haben die Griechen den Traum des Lebens am schönsten geträumt. (XII, 390)

Die Sentimentalität der Engländer ist humoristisch und zart, der Franzosen populär und weinerlich, der Deutschen naiv und realistisch. (XII, 501)

Der Alte verliert eins der größten Menschenrechte: er wird nicht mehr von seinesgleichen beurteilt. (XII, 542)

… nicht allein das, was mit uns geboren ist, sondern auch das, was wir erwerben können, gehört uns an, und wir sind es. (XII, 479)

Das Beste, was wir von der Geschichte haben, ist der Enthusiasmus, den sie erregt. (XII, 395)

Der Bach ist dem Müller befreundet, dem er nutzt, und er stürzt gern über die Räder; was hilft es ihm, gleichgültig durchs Tal hinzuschleichen? (XII, 545)

… derjenige, der sich in höherem Sinne ausgebildet, kann immer voraussetzen, daß er die Majorität gegen sich habe. (XII, 432)

Eigentlich kommt alles auf die Gesinnungen an; wo diese sind, treten auch die Gedanken hervor, und nachdem sie sind, sind auch die Gedanken. (XII, 480)

Ein schäbiges Kamel trägt immer noch die Lasten vieler Esel. (XII, 538)

Weiß denn der Sperling, wie dem Storch zumute sei? (XII, 538)

Wenn die Affen es dahin bringen könnten, Langeweile zu haben, so könnten sie Menschen werden. (XII, 538)

Die ungeheuerste Kultur, die der Mensch sich geben kann, ist die Überzeugung, daß die andern nicht nach ihm fragen. (XII, 539)

Was nicht originell ist, daran ist nichts gelegen, und was originell ist, trägt immer die Gebrechen des Individuums an sich. (XII, 480)

Die Menschen, da sie zum Notwendigen nicht hinreichen, bemühen sich ums Unnütze. (XII, 539)

Die Menschen sind als Organe ihres Jahrhunderts anzusehen, die sich meist unbewußt bewegen. (XII, 378)

Die größten Menschen hängen immer mit ihrem Jahrhundert durch eine Schwachheit zusammen. (XII, 378)

Es ist mit den Jahren wie mit den Sibyllinischen Büchern: je mehr man ihrer verbrennt, desto teurer werden sie. (XII, 540)

Wenn man älter wird, muß man mit Bewußtsein auf einer gewissen Stufe stehen bleiben. (XII, 542)

Derjenige, der sich mit Einsicht für beschränkt erklärt, ist der Vollkommenheit am nächsten. (XII, 530)

Ich sehe fast niemand, außer wer mich in Geschäften zu sprechen hat, ich habe mein politisches und gesellschaftliches Leben ganz von meinem moralischen und poetischen getrennt (äußerlich versteht sich) und so befinde ich mich am besten. ... Abends bin ich bei der Stein und habe nichts Verborgnes vor ihr. ...
Der Herzog hat seine Existenz im Hetzen und Jagen. Der Schlendrian der Geschäfte geht ordentlich, er nimmt einen willigen und leidlichen Teil dran. ...
Und so fange ich an mir selber wieder zu leben, und mich wieder zu erkennen. Der Wahn, die schönen Körner die in meinem und meiner Freunde Dasein reifen, müßten auf diesen Boden gesät, und jene himmlische Juwelen könnten in die irdischen Kronen dieser Fürsten gefaßt werden, hat mich ganz verlassen und ich finde mein jugendliches Glück wiederhergestellt. Wie ich mir in meinem väterlichen Hause nicht einfallen ließ die Erscheinungen der Geister und die juristische Praxis zu verbinden eben so getrennt laß ich jetzt den Geheimderat und mein and-

res Selbst, ohne das ein Geh. R. sehr gut bestehen kann. Nur im Innersten meiner Plane und Vorsätze und Unternehmungen bleib ich mir geheimnisvoll selbst getreu und knüpfe so wieder mein gesellschaftliches, politisches, moralisches und poetisches Leben in einen verborgenen Knoten zusammen. Sapienti sat.

(An Knebel, Weimar, 21. September 1782)

Ich darf wohl sagen: ich habe mich in dieser anderthalbjährigen Einsamkeit selbst wiedergefunden; aber als was? – Als Künstler! Was ich sonst noch bin, werden Sie beurteilen und nutzen. ... Nehmen Sie mich als Gast auf, lassen Sie mich an Ihrer Seite das ganze Maß meiner Existenz ausfüllen und des Lebens genießen ... Jeder Platz, jedes Plätzchen die Sie mir aufheben, sollen mir lieb sein, ich will gerne gehen und kommen, niedersitzen und aufstehn.

(An Herzog Carl August, Rom, 17. und 18. März 1788)

Der Zweck des Lebens ist das Leben selbst und so lassen Sie auch Ihren Aufenthalt in Rom Ihren Zweck sein. In diesem Sinne bereit ich mich auch vor, und wenn wir nach innen das unsrige getan haben, so wird sich das *nach außen* von selbst geben. (An J. H. Meyer, Weimar, 8. Februar 1796)

Ich bin euch sämtlichen zur Last,
Einigen auch sogar verhaßt;
Das hat aber gar nichts zu sagen:
Denn mir behagt's in alten Tagen,
So wie es mir in jungen behagte,
Daß ich nach alt und jung nicht fragte. (I, 335)

Ohne Umschweife
Begreife,
Was dich mit der Welt entzweit;
Nicht will sie Gemüt, will Höflichkeit. (I, 318)

Wenn du dich selber machst zum Knecht,
Bedauert dich niemand, geht's dir schlecht;
Machst du dich aber selbst zum Herrn,
Die Leute sehn es auch nicht gern;
Und bleibst du endlich, wie du bist,
So sagen sie, daß nichts an dir ist. (I, 317)

Daß du nicht enden kannst, das macht dich groß,
Und daß du nie beginnst, das ist dein Los. (II, 23)

Natur hat weder Kern
Noch Schale,
Alles ist sie mit einem Male;
Dich prüfe du nur allermeist,
Ob du Kern oder Schale seist (I, 359)

Herr, laß dir gefallen
Dieses kleine Haus,
Größre kann man bauen,
Mehr kommt nicht heraus. (II, 57)

Mein halbes Leben stürmt' ich fort,
Verdehnt' die Hälft' in Ruh.
Und du, du Menschen-Schifflein dort,
Fahr immer, immer zu! (I, 81)

Gott grüß' euch, Brüder,
Sämtliche Oner und Aner!
Ich bin Weltbewohner,
Bin Weimaraner,
Ich habe diesem edlen Kreis
Durch Bildung mich empfohlen,
Und wer es etwa besser weiß,
Der mag's wo anders holen. (I, 322)

Huri
Heute steh' ich meine Wache
Vor des Paradieses Tor,
Weiß nicht grade, wie ich's mache,
Kommst mir so verdächtig vor! ...

Dichter
Nicht so vieles Federlesen!
Laß mich immer nur herein:
Denn ich bin ein Mensch gewesen,
Und das heißt ein Kämpfer sein. (II, 110)

EMPFANGEN UND LERNEN

Der echte Schüler lernt aus dem Bekannten das Unbe-
kannte entwickeln und nähert sich dem Meister. (XII, 531)

Lehre tut viel, aber Aufmunterung tut alles. ... Aufmunterung nach dem Tadel, ist Sonne nach dem Regen, frucht-
bares Gedeihen.
(An Oeser, Frankfurt, 9. November 1768)

Gescheute Leute sind immer das beste Konversations-
lexikon. (XII, 545)

... die Jugend will lieber angeregt als unterrichtet sein ...
(IX, 328)

Wenn die Jugend ein Fehler ist, so legt man ihn sehr bald
ab. (XII, 541)

Aus Farbenreibern sind treffliche Maler hervorgegangen.
(XII, 478)

Alles Gescheite ist schon gedacht worden, man muß nur
versuchen, es noch einmal zu denken. (XII, 415)

Der törigste von allen Irrtümern ist, wenn junge gute Köpfe glauben, ihre Originalität zu verlieren, indem sie das Wahre anerkennen, was von andern schon anerkannt worden. (XII, 415)

Was an uns Original ist, wird am besten erhalten und belobt, wenn wir unsre Altvordern nicht aus den Augen verlieren. (XII, 505)

Die originalsten Autoren der neusten Zeit sind es nicht deswegen, weil sie etwas Neues hervorbringen, sondern allein, weil sie fähig sind, dergleichen Dinge zu sagen, als wenn sie vorher niemals wären gesagt gewesen. (VIII, 486)

Wie wir was Großes lernen sollen, flüchten wir uns gleich in unsre angeborne Armseligkeit und haben doch immer etwas gelernt. (XII, 531)

Man sagt wohl zum Lobe des Künstlers: Er hat alles aus sich selbst. Wenn ich das nur nicht wieder hören müßte! Genau besehen, sind die Produktionen eines solchen Originalgenies meistens Reminiszenzen; wer Erfahrung hat, wird sie meist einzeln nachweisen können. (XII, 479f.)

Das sogenannte Aus-sich-Schöpfen macht gewöhnlich falsche Originale und Manieristen. (XII, 480)

Wie kann man sich selbst kennen lernen? Durch Betrachten niemals, wohl aber durch Handeln. Versuche, deine Pflicht zu tun, und du weißt gleich, was an dir ist. (XII, 517)

Was aber ist deine Pflicht? Die Forderung des Tages.
(XII, 518)

Seht, liebe Kinder, was wäre ich denn, wenn ich nicht immer mit klugen Leuten umgegangen wäre und von ihnen gelernt hätte? Nicht aus Büchern, sondern durch lebendigen Ideentausch, durch heitre Geselligkeit müßt ihr lernen!
(Bericht von J. v. Egloffstein, 6. März 1818)

Im Grunde aber sind wir alle kollektive Wesen, wir mögen uns stellen wie wir wollen. Denn wie weniges haben und sind wir, das wir im reinsten Sinne unser Eigentum nennen! Wir müssen alle empfangen und lernen, sowohl von denen, die vor uns waren, als von denen, die mit uns sind.
(Bericht von F. J. Soret, 17. Februar 1832)

Steine sind stumme Lehrer, sie machen den Beobachter stumm, und das Beste, was man von ihnen lernt, ist nicht mitzuteilen. (XII, 460)

Wir lernen die Menschen nicht kennen, wenn sie zu uns kommen; wir müssen zu ihnen gehen, um zu erfahren, wie es mit ihnen steht. (XII, 525)

Wenn ich die Meinung eines andern anhören soll, so muß sie positiv ausgesprochen werden; Problematisches hab' ich in mir selbst genug. (XII, 404)

Es ist schlimm genug,« rief Eduard, »daß man jetzt nichts mehr für sein ganzes Leben lernen kann. Unsre Vorfahren hielten sich an den Unterricht, den sie in ihrer Jugend empfangen; wir aber müssen jetzt alle fünf Jahre umlernen ...«
(VI, 270)

Manche sind auf das, was sie wissen, stolz, gegen das, was sie nicht wissen, hoffärtig. (XII, 466)

Allen andern Künsten muß man etwas vorgeben, der griechischen allein bleibt man ewig Schuldner. (XII, 482)

Möge das Studium der griechischen und römischen Literatur immerfort die Basis der höhern Bildung bleiben!
(XII, 505)

Ich habe an der Homerischen, wie an der Nibelungischen Tafel geschmaust, mir aber für meine Person nichts gemäßer gefunden, als die breite und tiefe immer lebendige Natur, die Werke der griechischen Dichter und Bildner.
(An Knebel, Weimar, 9. November 1814)

Beim Übersetzen muß man bis ans Unübersetzliche herangehen; alsdann wird man aber erst die fremde Nation und die fremde Sprache gewahr. (XII, 499)

Ich verfluche allen negativen Purismus, daß man ein Wort nicht brauchen soll, in welchem eine andre Sprache Vieles oder Zarteres gefaßt hat. (XII, 508)

Die Gewalt einer Sprache ist nicht, daß sie das Fremde abweist, sondern daß sie es verschlingt. (XII, 508)

Ich habe mich nämlich, mit aller Gewalt und allem Vermögen, nach dem Orient geworfen, dem Lande des Glaubens, der Offenbarungen, Weissagungen und Verheißungen. Bei unserer Lebens- und Studien-Weise, vernimmt man soviel von allen Seiten her, begnügt sich mit enzyklopädischen Wissen und den allgemeinsten Begriffen; dringt man aber selbst in ein solches Land, um die Eigentümlichkeiten seines Zustandes zu fassen, so gewinnt alles ein lebendigeres Ansehen. (An Ch. H. Schlosser, Weimar, 23. Januar 1815)

Anders lesen Knaben den Terenz,
Anders Grotius.«
Mich Knaben ärgerte die Sentenz,
Die ich nun gelten lassen muß.

Lese ich heute den Homer so sieht er anders aus als vor zehen Jahren; würde man dreihundert Jahre alt, so würde er immer anders aussehen.
(An Zelter, Stadt Eger, 8. August 1822; vgl. I, 329)

Abgeneigt bin ich dem Indischen keineswegs, aber ich fürchte mich davor, denn es zieht meine Einbildungskraft in's Formlose und Difforme ...
(An W. v. Humboldt, Weimar, 22. Oktober 1826)

Ein gebranntes Kind scheut das Feuer, ein oft versengter Greis scheut, sich zu wärmen. (XII, 521)

Möge alles, was ich noch zu leisten fähig bin, sich immer an dasjenige anschließen, was Sie gegründet haben und auferbauen. (An Hegel, Weimar, 3. Mai 1824)

Selbst erfinden ist schön; doch glücklich von andern
                                                          Gefundnes
Fröhlich erkannt und geschätzt, nennst du das weniger
                                          dein? (I, 207)

Seh' ich die Werke der Meister an,
So seh' ich das, was sie getan;
Betracht' ich meine Siebensachen,
Seh' ich, was ich hätt' sollen machen. (I, 323)

Willst du dich am Ganzen erquicken,
So mußt du das Ganze im Kleinsten erblicken. (I, 304)

Wie fruchtbar ist der kleinste Kreis,
Wenn man ihn wohl zu pflegen weiß. (I, 316)

WACHSEN, WERDEN, KULTIVIEREN

Nicht allein das Angeborene, sondern auch das Erworbene ist der Mensch. (XII, 530)

Sich mitzuteilen ist Natur; Mitgeteiltes aufzunehmen, wie es gegeben wird, ist Bildung. (XII, 543)

Die Zudringlichkeiten junger Dilettanten muß man mit Wohlwollen ertragen: sie werden im Alter die wahrsten Verehrer der Kunst und des Meisters. (XII, 481)

Es kann wohl sein, daß der Mensch durch öffentliches und häusliches Geschick zu Zeiten gräßlich gedroschen wird; allein das rücksichtslose Schicksal, wenn es die reichen Garben trifft, zerknittert nur das Stroh, die Körner aber spüren nichts davon und springen lustig auf der Tenne hin und wider, unbekümmert, ob sie zur Mühle, ob sie zum Saatfeld wandern. (XII, 540)

Wenn Sie sich, meine liebe, einen Goethe vorstellen können, ... dem nun bald seine liebe weite Welt wieder geöffnet wird, der immer in sich lebend, strebend und arbeitend, ... weil er arbeitend immer gleich eine Stufe höher steigt, weil er nach keinem Ideale springen, sondern seine

Gefühle sich zu Fähigkeiten, kämpfend und spielend, entwickeln lassen will. Das ist der, dem Sie nicht aus dem Sinne kommen, der auf einmal am frühen Morgen einen Beruf fühlt Ihnen zu schreiben, dessen größte Glückseligkeit ist mit den besten Menschen seiner Zeit zu leben.
(An Auguste zu Stolberg, Frankfurt, 13. Februar 1775)

Alles wahre Aperçu kömmt aus einer Folge und bringt Folge. Es ist ein Mittelglied einer großen, produktiv aufsteigenden Kette. (XII, 414)

Der zur Vernunft geborene Mensch bedarf noch großer Bildung, sie mag sich ihm nun durch Sorgfalt der Eltern und Erzieher, durch friedliches Beispiel oder durch strenge Erfahrung nach und nach offenbaren. (XII, 479)

Laß dich's nicht verdrießen meine Beste daß dein Geliebter in die Ferne gegangen ist, er wird dir besser und glücklicher wiedergegeben werden. ... Rom ist nur ein zu sonderbarer und verwickelter Gegenstand um in kurzer Zeit gesehen zu werden, man braucht Jahre um sich recht und mit Ernst umzusehn. ... Was aber das größte ist und was ich erst hier fühle; wer mit Ernst sich hier umsieht und Augen hat zu sehen muß *solid* werden, er muß einen Begriff von Solidität fassen der ihm nie so lebendig ward.
(An Frau von Stein, Rom, 7.-11. November 1786)

Täglich werf ich eine neue Schale ab und hoffe als ein Mensch wiederzukehren. Hilf mir aber nun auch, und ...

gedenke göttlich des vergangnen nicht, wenn du dich auch dessen erinnerst. Ich habe in der Welt nichts zu suchen als das Gefundne, nur daß ichs genießen lerne, das ist alles warum ich mich hier noch mehr hämmern und bearbeiten lasse. ... Seit gestern hab ich einen kolossalen Junokopf in dem Zimmer ... Es war dieser meine erste Liebschaft in Rom und nun besitz ich diesen Wunsch.

(An Frau v. Stein, Rom, 6. Januar 1787)

Unsre Eigenschaften müssen wir kultivieren, nicht unsre Eigenheiten. (XII, 530)

Es wäre nicht der Mühe wert, siebzig Jahr alt zu werden, wenn alle Weisheit der Welt Torheit wäre vor Gott.
(XII, 515)

Erkenne dich selbst ... heißt ganz einfach: Gib einigermaßen acht auf dich selbst, nimm Notiz von dir selbst ... Hiezu bedarf es keiner psychologischen Quälereien; jeder tüchtige Mensch weiß und erfährt, was es heißen soll ... (XII, 413)

Jedem Alter des Menschen antwortet eine gewisse Philosophie. Das Kind erscheint als Realist; denn es findet sich so überzeugt von dem Dasein der Birnen und Äpfel als von dem seinigen. Der Jüngling, von innern Leidenschaften bestürmt, muß auf sich selbst merken, sich vorfühlen: er wird zum Idealisten umgewandelt. Dagegen ein Skeptiker zu werden hat der Mann alle Ursache ... Der Greis jedoch wird sich immer zum Mystizismus bekennen. Er sieht, daß so vieles vom Zufall abzuhängen scheint: das Unvernünftige gelingt, das Vernünftige schlägt fehl, Glück und Unglück stellen sich unerwartet ins gleiche ... (XII, 540)

Man geht nie weiter, als wenn man nicht mehr weiß, wohin man geht. (XII, 547)

In der Jugend bald die Vorzüge des Alters gewahr zu werden, im Alter die Vorzüge der Jugend zu erhalten, beides ist nur ein Glück. (XII, 542)

Ich habe niemals einen präsumptuoseren Menschen gekannt als mich selbst, und daß ich das sage, zeigt schon, daß wahr ist was ich sage. ... Man hätte mir eine Krone aufsetzen können und ich hätte gedacht, das verstehe sich von selbst. Und doch war ich gerade dadurch nur ein Mensch wie andre. Aber daß ich das über meine Kräfte Ergriffne durchzuarbeiten, das über mein Verdienst Erhaltne zu verdienen suchte, dadurch unterschied ich mich bloß von einem wahrhaft Wahnsinnigen. (X, 530)

Alle mehr oder weniger gebildeten Völker hatten eine zweite Natur durch Künste um sich erschaffen, die aus Überlieferung, Nationalcharakter und klimatischem Einfluß hervorwuchs, deswegen uns alle altertümlichen Reste, von Götterstatuen bis zu Scherben und Ziegeln herab, respektabel und belehrend bleiben.
Und so fördern die verschiedenen Zweige der Wissenschaf-

ten einander ... bis Wissenschaft und Kunst endlich Technik und Handwerk zu Hilfe rufen und auch diese veredeln.
(An J. A. Sack, Weimar, 15. Januar 1816)

Autorität: ohne sie kann der Mensch nicht existieren, und doch bringt sie ebensoviel Irrtum als Wahrheit mit sich.
(XII, 416)

Alle praktische Menschen suchen sich die Welt handrecht zu machen; alle Denker wollen sie kopfrecht haben.
(XII, 398)

Ob eine Nation reif werden könne, ist eine wunderliche Frage. Ich beantworte sie mit Ja, wenn alle Männer als dreißigjährig geboren werden könnten; da aber die Jugend vorlaut, das Alter aber kleinlaut ewig sein wird, so ist der eigentlich reife Mann immer zwischen beiden geklemmt und wird sich auf eine wunderliche Weise behelfen und durchhelfen müssen. (XII, 385)

Wenn ich mich beim Urphänomen zuletzt beruhige, so ist es doch auch nur Resignation; aber es bleibt ein großer Unterschied, ob ich mich an den Grenzen der Menschheit resigniere oder innerhalb einer hypothetischen Beschränktheit meines bornierten Individuums. (XII, 367)

Das Tagewerk das mir aufgetragen ist, das mir täglich leichter und schwerer wird, erfordert wachend und träumend meine Gegenwart diese Pflicht wird mir täglich teurer, und darin wünscht ich's den größten Menschen gleich zu tun, und in nichts größerm. Diese Begierde, die Pyramide meines Daseins, deren Basis mir angegeben und gegründet ist, so hoch als möglich in die Luft zu spitzen, überwiegt alles andre und läßt kaum augenblickliches Vergessen zu. Ich darf mich nicht säumen, ich bin schon weit in Jahren vor, und vielleicht bricht mich das Schicksal in der Mitte, und der Babylonische Turm bleibt stumpf unvollendet. Wenigstens soll man sagen es war kühn entworfen und wenn ich lebe, sollen wills Gott die Kräfte bis hinauf reichen.

Auch tut der Talisman jener schönen Liebe womit die Stein mein Leben würzt sehr viel. Sie hat meine Mutter, und Geliebten nach und nach geerbt, und es hat sich ein Band geflochten wie die Bande der Natur sind.

(An Lavater, Ostheim v. d. Rhön, etwa 20. September 1780)

Vor zwei Dingen kann man sich nicht genug in acht nehmen: beschränkt man sich in seinem Fache, vor Starrsinn, tritt man heraus, vor Unzulänglichkeit. (XII, 429)

FAUST: Ein unbegreiflich holdes Sehnen
Trieb mich, durch Wald und Wiesen hinzugehn,
Und unter tausend heißen Tränen
Fühlt' ich mir eine Welt entstehn. (III, 31)

Er [Herder] wird gewiß den schönen Traumwunsch der Menschheit daß es dereinst besser mit ihr werden möge trefflich ausgeführt haben. Auch muß ich selbst sagen halt ich es für wahr daß die Humanität endlich siegen wird,

nur fürcht ich daß zu gleicher Zeit die Welt ein großes
Hospital und einer des andern humaner Krankenwärter
werden wird.

(An Frau v. Stein, Rom, 8. Juni 1787)

Nun fangen an mich römische Altertümer zu freuen ...
An diesen Ort knüpft sich die ganze Geschichte der Welt
an, und ich zähle einen zweiten Geburtstag, eine wahre
Wiedergeburt von dem Tage da ich Rom betrat.

(An Herder und seine Frau, Rom, 2 –9. Dezember 1786)

Hat man sich nicht ringsum vom Meere umgeben gesehen, so hat man keinen Begriff von Welt und von seinem
Verhältnis zur Welt. (XI, 230f.)

Alle Gestalten sind ähnlich, und keine gleichet der andern;
        Und so deutet das Chor auf ein geheimes Gesetz,
Auf ein heiliges Rätsel. O könnt' ich dir, liebliche
                                    Freundin,
        Überliefern sogleich glücklich das lösende Wort!
Werdend betrachte sie nun, wie nach und nach sich
                                    die Pflanze,
        Stufenweise geführt, bildet zu Blüten und Frucht.

(I, 199)

Ich sagte neulich ... il faut croire à la simplicité! zu Deutsch:
man muß an die Einfalt, an das Einfache, an das urständig
Produktive glauben, wenn man den rechten Weg gewinnen will. Dieses ist aber nicht jedem gegeben; wir werden

in einem künstlichen Zustande geboren und es ist durchaus leichter, diesen immer mehr zu bekünsteln als zu dem Einfachen zurückzukehren.

(An Zelter, Weimar, 29. März 1827)

Nur nichts als Profession getrieben! Das ist mir zuwider. Ich will alles, was ich kann, spielend treiben, was mir eben kommt und so lange die Lust daran währt. ... Zu einem Instrument gebe ich mich nicht her; und jede Profession ist ein Instrument, oder wollt ihr es vornehmer ausgedrückt, ein Organ.

(Bericht von Riemer, Anfang 1807)

Von Wiesbaden sagte er, daß das Leben dort zu leicht, zu heiter sei, als daß man nicht verwöhnt würde fürs übrige Leben. ... Karlsbad störe das innere Gleichgewicht schon weit weniger.

(Bericht von J. v. Egloffstein, 6. März 1818)

Laßt mir die jungen Leute nur
Und ergetzt euch an ihren Gaben!
Es will doch Großmama Natur
Manchmal einen närrischen Einfall haben. (I, 310)

Wo Anmaßung mir wohlgefällt?
An Kindern: denen gehört die Welt. (I, 310)

Getretner Quark
Wird breit, nicht stark. (II, 58)

Ich hielt mich stets von Meistern entfernt;
Nachtreten wäre mir Schmach!
Hab' alles von mir selbst gelernt.«
Es ist auch darnach! (I, 318)

Was auch als Wahrheit oder Fabel
In tausend Büchern dir erscheint,
Das alles ist ein Turm zu Babel,
Wenn es die Liebe nicht vereint. (I, 367)

So ist's mit aller Bildung auch beschaffen:
Vergebens werden ungebundne Geister
Nach der Vollendung reiner Höhe streben.

Wer Großes will, muß sich zusammenraffen;
In der Beschränkung zeigt sich erst der Meister,
Und das Gesetz nur kann uns Freiheit geben. (I, 245)

Sodann bemerke, daß die von mir angerufene Weltlite-
ratur auf mich, wie auf den Zauberlehrling, zum Ersäufen zuströmt; Schottland und Frankreich ergießen sich
fast tagtäglich ...
(An Zelter, Weimar, 21. Mai 1828)

Überhaupt muß ich mich jetzt sehr zusammennehmen
und, mehr als jemals, alles Polemische an mir vorübergehen lassen. Der Mensch hat wirklich viel zu tun, wenn
er sein eignes Positive bis an's Ende durchführen will.
Glücklicherweise bleibt uns zuletzt die Überzeugung, daß

gar vieles neben einander bestehen kann und muß, was sich gerne wechselseitig verdrängen möchte: der Weltgeist ist toleranter als man denkt.

(An C. F. Reinhard, Weimar, 12. Mai 1826)

Hierher gehört vorzüglich mein Verhältnis zur bildenden Kunst … Es ist wunderbar genug daß der Mensch auch unwiderstehliche Triebe fühlt, dasjenige auszuüben, was er nicht leisten kann, dadurch aber doch in seinen eigentlichen wahren Leistungen auf das reellste gefördert wird.

(An W. v. Humboldt, Weimar, 19. Oktober 1830)

Ich will nicht leugnen daß ich es für ein Kunststück halte, als entbehrlich anzusehen was die Jahre uns nehmen, dagegen aber hoch und höher zu schätzen was sie uns lassen, am höchsten aber, wenn sie so artig sind uns mit neuer Gabe zu erfreuen …

(An M. v. Willemer, Weimar, 13. Januar 1832)

Das Alter ist ein höflich Mann:
Einmal übers andre klopft er an,
Aber nun sagt niemand: Herein!
Und vor der Türe will er nicht sein.
Da klinkt er auf, tritt ein so schnell,
Und nun heißt's, er sei ein grober Gesell. (I, 309)

Wie an dem Tag, der dich der Welt verliehen,
Die Sonne stand zum Gruße der Planeten,
Bist alsobald und fort und fort gediehen

Nach dem Gesetz, wonach du angetreten.
So mußt du sein, dir kannst du nicht entfliehen,
So sagten schon Sibyllen, so Propheten;
Und keine Zeit und keine Macht zerstückelt
Geprägte Form, die lebend sich entwickelt. (I, 359)

Die Jahre nahmen dir, du sagst, so vieles:
Die eigentliche Lust des Sinnenspieles ...
Nun wüßt' ich nicht, was dir Besondres bliebe?«

Mir bleibt genug! Es bleibt Idee und Liebe! (II, 39)

LEHREN UND ERZIEHEN

Durch das, was wir Betragen und gute Sitten nennen, soll das erreicht werden, was außerdem nur durch Gewalt, oder auch nicht einmal durch Gewalt zu erreichen ist. (XII, 526)

Der Umgang mit Frauen ist das Element guter Sitten. (XII, 526)

Von der besten Gesellschaft sagte man: ihr Gespräch ist unterrichtend, ihr Schweigen bildend. (XII, 527)

Ich kann ... dir hierin wie in verschiednen andern Wissenschaften Unterricht geben, die ich nur für dich, und wenige Mädchen gesammelt habe. ... Du hast zwar feine Empfindungen, wie jedes Frauenzimmer das dir ähnlich ist, aber sie sind zu leicht gefühlt und zu wenig überlegt. ... Ferner merke ich daß verschiedne Lektüren deinen Geschmack in verschiednen Dingen merklich verdorben haben ... deswegen wollte ich dich bitten, das Jahr über das wir noch von einander sein werden, so wenig als möglich zu lesen, viel zu schreiben; ... die Sprachen immer fort zu treiben und die Haushaltung, wie nicht weniger die Kochkunst zu studieren, auch dich zum Zeitvertreibe auf dem Klaviere wohl zu üben, denn dieses sind alles Dinge, die ein

Mädchen, die meine Schülerin werden soll notwendig besitzen muß … Ferner verlange ich daß du dich im Tanzen perfektionierst, die gewöhnlichsten Kartenspiele lernst, und den Putz mit Geschmack wohl verstehest. Diese letzten Erfordernisse werden dir von einem so strengen Moralisten wie ich bin, äußerst seltsam vorkommen zumal da mir alle drei fehlen; allein sei ohne Sorgen, und lerne sie nur, den Gebrauch und den Nutzen davon sollst du schon erfahren … Wirst du nun dieses alles nach meiner Vorschrift getan haben, wenn ich nach Hause komme; so garantiere ich meinen Kopf, du sollst in einem kleinen Jahre das vernünftigste, artigste, angenehmste, liebenswürdigste Mädchen, nicht nur in Frankfurt, sondern im ganzen Reiche sein.

(An seine Schwester Cornelia, Leipzig, 12. Oktober 1767)

Hierauf haben wir unsern Takt zu üben, sonst laufen wir Gefahr, auf dem Wege, worauf wir uns die Gunst der Menschen erwarben, sie ganz unversehens wieder zu verscherzen. Das begreift man wohl im Laufe des Lebens von selbst, aber erst nach bezahltem teuren Lehrgelde, das man leider seinen Nachkommenden nicht ersparen kann. (XII, 402)

Gewisse Bücher scheinen geschrieben zu sein, nicht damit man daraus lerne, sondern damit man wisse, daß der Verfasser etwas gewußt hat. (XII, 429)

Mein August wächst und hat zu gewissen Dingen viel Geschick, zum Schreiben, zu Sprachen, zu allem was angeschaut werden muß, so wie er auch ein sehr gutes Gedächtnis hat. Meine einzige Sorge ist bloß das zu kultivieren was wirklich in ihm liegt und alles was er lernt ihn gründlich erlernen zu lassen. Unsere gewöhnliche Erziehung jagt die Kinder ohne Not nach so viel Seiten hin und ist Schuld an so viel falschen Richtungen die wir an Erwachsnen bemerken. (An Knebel, Jena, 17. September 1799)

Es herrscht bei uns der Gebrauch, daß man die Wissenschaften entweder ums Brot verbauern läßt, oder sie auf den Kathedern förmlich zersetzt, so daß uns Deutschen nur zwischen einer seichten Popularphilosophie und einem unverständlichen Galimathias transzendentaler Redensarten gleichsam die Wahl gelassen ist. ... Diese Bücher- und Stubengelehrsamkeit, dies Klugwerden und Klugmachen aus nachgeschriebenen Heften ist auch die alleinige Ursache, daß die Zahl der wahrhaft nützlichen Entdeckungen durch alle Jahrhunderte so gering ist.
(Bericht von J. D. Falk, 29. Februar 1809)

Welche Erziehungsart ist für die beste zu halten? Antwort: die der Hydrioten. Als Insulaner und Seefahrer nehmen sie ihre Knaben gleich mit zu Schiffe und lassen sie im Dienste herankrabeln. Wie sie etwas leisten, haben sie Teil am Gewinn; und so kümmern sie sich schon um Handel, Tausch und Beute, und es bilden sich die tüchtigsten Küsten- und Seefahrer, die klügsten Handelsleute und verwegensten Piraten. (XII, 388)

Es gibt keine patriotische Kunst und keine patriotische Wissenschaft. Beide gehören wie alles hohe Gute der ganzen Welt an ... (XII, 487)

Und, unter uns, ich haßte die Franzosen nicht, wiewohl ich Gott dankte, als wir sie los waren. Wie hätte auch ich, dem nur Kultur und Barbarei Dinge von Bedeutung sind, eine Nation hassen können, die zu den kultiviertesten der Erde gehört und der ich einen so großen Teil meiner eigenen Bildung verdankte!
(Bericht von F. Soret, 14. März 1830)

Autorität, daß nämlich etwas schon einmal geschehen, gesagt oder entschieden worden sei, hat großen Wert; aber nur der Pedant fordert überall Autorität. (XII, 415)

Treffliche Männer leben in einer Art von Verzweiflung, daß sie dasjenige, was sie amts- und vorschriftsgemäß lehren und überliefern müssen, für unnütz und schädlich halten. (XII, 387f.)

Für die vorzüglichste Frau wird diejenige gehalten, welche ihren Kindern den Vater, wenn er abgeht, zu ersetzen imstande wäre. (XII, 539)

Alle Poesie soll belehrend sein, aber unmerklich; sie soll den Menschen aufmerksam machen, wovon sich zu belehren wert wäre; er muß die Lehre selbst daraus ziehen, wie aus dem Leben. (An Zelter, Weimar, 29. November 1825)

Vollkommne Künstler haben mehr dem Unterricht als der Natur zu danken. (XII, 478)

Lehrbücher sollen anlockend sein ... (XII, 428)

WOLLEN UND WÜNSCHEN

Die Hindus der Wüste geloben, keine Fische zu essen.
(XII, 545)

... seine [Shakespeares] Stücke drehen sich alle um den
geheimen Punkt (den noch kein Philosoph gesehen und
bestimmt hat), in dem das Eigentümliche unsres Ichs, die
prätendierte Freiheit unsres Wollens, mit dem notwendigen Gang des Ganzen zusammenstößt. (XII, 226)

Was die Franzosen tournure nennen, ist eine zur Anmut
gemilderte Anmaßung. Man sieht daraus, daß die Deutschen keine tournure haben können; ihre Anmaßung ist
hart und herb, ihre Anmut mild und demütig ... (XII, 387)

Die Wahlsprüche deuten auf das, was man nicht hat,
wornach man strebt. (XII, 532)

Das ganze Leben besteht aus
   Wollen und Nicht-Vollbringen,
   Vollbringen und Nicht-Wollen. (XII, 519)

Mein bester Wunsch ist immer gewesen, mit den Guten
meines Zeitalters verbunden zu sein, das wird einem aber

so sehr vergällt, daß man schnell in sich wieder zurück kriecht. ... da ich in der Welt noch keine Rolle spiele bring [ich] meine besten Stunden, im Aufzeichnen meiner Phantasien zu, und meine größte Freude ist wenn jemand den ich ehre und liebe mit Teil daran nehmen will.

(An H. W. v. Gerstenberg, Frankfurt, 18. Oktober 1773)

Jetzt darf ich es gestehen: Zuletzt durft ich kein Lateinisch Buch mehr ansehn, keine Zeichnung einer italienischen Gegend. Die Begierde dieses Land zu sehn war überreif, da sie befriedigt ist, werden mir Freunde und Vaterland erst wieder recht aus dem Grunde lieb, und die Rückkehr wünschenswert.

(An Herzog Carl August, Rom, 3. November 1786)

Warum sind wir Neueren doch so zerstreut, warum gereizt zu Forderungen, die wir nicht erreichen noch erfüllen können! (XI, 267)

Laßt uns doch vielseitig sein! Märkische Rübchen schmecken gut, am besten gemischt mit Kastanien, und diese beiden edlen Früchte wachsen weit auseinander. (XII, 502)

Man ist nur vielseitig, wenn man zum Höchsten strebt, weil man muß (im Ernst), und zum Geringern herabsteigt, wenn man will (zum Spaß). (XII, 502)

Ich getraute mir, einen neuen Werther zu schreiben, über den dem Volke die Haare noch mehr zu Berge stehn sollten als über den ersten. ... Die meisten jungen Leute, die ein

Verdienst in sich fühlen, fordern mehr von sich als billig. ...
Ich kenne deren ein halb Dutzend, die gewiß auch zu Grunde
gehn und denen nicht zu helfen wäre, selbst wenn man sie
über ihren wahren Vorteil aufklären könnte. Niemand be-
denkt leicht, daß uns Vernunft und ein tapferes Wollen gegeben sind, damit wir uns nicht allein vom Bösen, sondern
auch vom Übermaß des Guten zurückhalten.

(An Zelter, Weimar, 3. Dezember 1812)

FAUST: Der du die weite Welt umschweifst,
Geschäftiger Geist, wie nah fühl' ich mich dir!
GEIST: Du gleichst dem Geist, den du begreifst,
Nicht mir! (III, 24)

FAUST [zu Mephistopheles]:
Werd' ich beruhigt je mich auf ein Faulbett legen,
So sei es gleich um mich getan!
Kannst du mich schmeichelnd je belügen,
Daß ich mir selbst gefallen mag,
Kannst du mich mit Genuß betrügen,
Das sei für mich der letzte Tag!
Die Wette biet' ich! ...

　　　　　　　Und Schlag auf Schlag!
Werd' ich zum Augenblicke sagen:
Verweile doch! du bist so schön!
Dann magst du mich in Fesseln schlagen,
Dann will ich gern zugrunde gehn! (III, 57)

Willst du nach den Früchten greifen,
Eilig nimm dein Teil davon!
Diese fangen an zu reifen,
Und die andern keimen schon;
Gleich mit jedem Regengusse
Ändert sich dein holdes Tal,
Ach, und in demselben Flusse
Schwimmst du nicht zum zweitenmal. (I, 247)

Ach, was soll der Mensch verlangen?
Ist es besser, ruhig bleiben?
Klammernd fest sich anzuhangen?
Ist es besser, sich zu treiben? ...

Eines schickt sich nicht für alle.
Sehe jeder, wie er's treibe,
Sehe jeder, wo er bleibe,
Und, wer steht, daß er nicht falle. (I, 133)

DULDEN UND LEIDEN

Es gibt keine Lage, die man nicht veredlen könnte durch Leisten oder Dulden. (XII, 514)

Man erträgt die Unbequemen lieber, als man die Unbedeutenden duldet. (XII, 525)

Übrigens ist mein Körper just so gesund um eine mäßige, und nötige Arbeit zu tragen, und um mich bei Gelegenheit zu erinnern daß ich weder an Leib noch an Seele ein Riese bin.
(An S. K. v. Klettenberg, Straßburg, 26. August 1770)

Es ist eine Forderung der Natur, daß der Mensch mitunter betäubt werde, ohne zu schlafen; daher der Genuß im Tabakrauchen, Branntweintrinken, Opiaten. (XII, 532)

Tief und ernstlich denkende Menschen haben gegen das Publikum einen bösen Stand. (XII, 504)

Es ist besser, eine Torheit pure geschehen zu lassen, als ihr mit einiger Vernunft nachhelfen zu wollen. Die Vernunft verliert ihre Kraft, indem sie sich mit der Torheit vermischt, und die Torheit ihr Naturell, das ihr oft forthilft. (XII, 538)

Toleranz sollte eigentlich nur eine vorübergehende Gesinnung sein: sie muß zur Anerkennung führen. Dulden heißt beleidigen. (XII, 385)

Für das größte Unheil unserer Zeit, die nichts reif werden läßt, muß ich halten, daß man im nächsten Augenblick den vorhergehenden verspeist, den Tag im Tage vertut und so immer aus der Hand in den Mund lebt ... und so springt's von Haus zu Haus, von Stadt zu Stadt, von Reich zu Reich und zuletzt von Weltteil zu Weltteil, alles veloziferisch. (XII, 389)

Man hat den Epikur, der ein armer Hund war wie ich, sehr mißverstanden, wenn er das Höchste in die Schmerzlosigkeit legte. (XII, 546)

Ich bin nicht zu dieser Welt gemacht, wie man aus seinem Haus tritt geht man auf lauter Kot.
(Tagebuch, 15. Dezember 1778)

Es ist all und überall Lumperei und Lauserei, und ich habe gewiß keine eigentlich vergnügte Stunde, bis ich mit Euch zu Nacht gegessen und bei meinem Mädchen geschlafen habe. Wenn Ihr mich lieb behaltet, wenige Gute mir geneigt bleiben, mein Mädchen treu ist, mein Kind lebt, mein großer Ofen gut heizt, so hab' ich vorerst nichts weiter zu wünschen. (An Herder u. seine Frau, Breslau, 11. September 1790)

Ich eile nach meinen mütterlichen Fleischtöpfen, um dort wie von einem bösen Traum zu erwachen, der mich zwischen Kot und Not, Mangel und Sorge, Gefahr und Qual, zwischen Trümmern, Leichen, Äsern und Scheißhaufen gefangen hielt.

(An Herder und seine Frau, Luxemburg, 16. Oktober 1792)

Es hat sich vor meiner Seele wie ein Vorhang weggezogen, und der Schauplatz des unendlichen Lebens verwandelt sich vor mir in den Abgrund des ewig offenen Grabes. ... Da ist kein Augenblick, der nicht dich verzehrte und die Deinigen um dich her ... der harmloseste Spaziergang kostet tausend armen Würmchen das Leben ... mir untergräbt das Herz die verzehrende Kraft, die in dem All der Natur verborgen liegt; die nichts gebildet hat, das nicht seinen Nachbar, nicht sich selbst zerstörte. Und so taumle ich beängstigt. Himmel und Erde und ihre webenden Kräfte um mich her: ich sehe nichts als ein ewig verschlingendes, ewig wiederkäuendes Ungeheuer.

(Werther an Wilhelm, VI, 52f.)

Wenn das *taedium vitae* den Menschen ergreift, so ist er nur zu bedauern, nicht zu schelten. Daß alle Symptome dieser wunderlichen, so natürlichen als unnatürlichen Krankheit auch einmal mein Innerstes durchrast haben, daran läßt Werther wohl niemand zweifeln. Ich weiß recht gut, was es mich für Entschlüsse und Anstrengungen kostete, damals den Wellen des Todes zu entkommen, sowie ich mich aus manchem spätern Schiffbruch auch mühsam rettete und mühselig erholte.

(An Zelter, Weimar, 3. Dezember 1812)

Vor einigen Tagen kam mir zufälliger Weise die erste Ausgabe meines Werthers in die Hände und dieses bei mir längst verschollene Lied fing wieder an zu klingen. Da begreift man denn nun nicht, wie es ein Mensch noch vierzig Jahre in einer Welt hat aushalten können, die ihm in früher Jugend schon so absurd vorkam. ... Beseh ich es recht genau, so ist es ganz allein das Talent, das in mir steckt, was mir durch alle die Zustände durchhilft ...

(An Zelter, Weimar, 26. März 1816)

Daß ich diese Betrachtungen [»Die Natur« von Tobler, 1782/83] verfaßt, kann ich mich faktisch zwar nicht erinnern, allein sie stimmen mit den Vorstellungen wohl überein, zu denen sich mein Geist damals ausgebildet hatte. Ich möchte die Stufe damaliger Einsicht einen Komparativ nennen, der seine Richtung gegen einen noch nicht erreichten Superlativ zu äußern gedrängt ist. Man sieht die Neigung zu einer Art von Pantheismus, indem den Welterscheinungen ein unerforschliches, unbedingtes, humoristisches, sich selbst widersprechendes Wesen zum Grunde gedacht ist, und mag als Spiel, dem es bitterer Ernst ist, gar wohl gelten.

Die Erfüllung aber, die ihm fehlt, ist die Anschauung der zwei großen Triebräder aller Natur: der Begriff von *Polarität* und von *Steigerung* ...

(An Kanzler v. Müller, Weimar, 24. Mai 1828 XIII, 48f.)

Die Kantische Anthropologie ... sollte man ... nur im Frühjahr lesen, wenn die Bäume blühen, um von außen ein Gleichgewicht gegen das Untröstliche zu haben, das durch den größten Teil des Buches herrscht, ich habe es gelesen, indem Kinder um mich spielten, und da mag es auch noch hingehen, denn von der Vernunftshöhe herunter sieht das ganze Leben wie eine böse Krankheit und die Welt einem Tollhaus gleich.

(An Ch. G. Voigt, Weimar, 19. Dezember 1798)

Die höchst gelungene Übersetzung der dramatischen Werke Goethes von Stapfer hat in dem zu Paris erscheinenden Globe des vorigen Jahres durch Herrn *J. J. Ampère* eine Beurteilung gefunden, die … Goethen so angenehm berührte, daß er sehr oft darauf zurückkam …

»Der Standpunkt des Herrn Ampère, sagte er, ist ein sehr hoher. … Als Einer, der das Metier aus dem Grunde kennt, zeigt er die Verwandtschaft des Erzeugten mit dem Erzeuger, und beurteilt die verschiedenen poetischen Produktionen als verschiedene Früchte verschiedener Lebensepochen des Dichters.

Er hat den abwechselnden Gang meiner irdischen Laufbahn und meiner Seelenzustände im Tiefsten studiert und sogar die Fähigkeit gehabt, das zu sehen, was … nur zwischen den Zeilen zu lesen war. Wie richtig hat er bemerkt, daß … die Verzweiflung mich nach Italien getrieben, und daß ich dort, mit neuer Lust zum Schaffen, die Geschichte des Tasso ergriffen, um mich in Behandlung dieses angemessenen Stoffes von demjenigen frei zu machen, was mir noch aus meinen Weimarschen Eindrücken und Erinnerungen Schmerzliches und Lästiges anklebte. Sehr treffend nennt er daher auch den Tasso einen gesteigerten Werther.

Sodann über den Faust äußert er sich nicht weniger geistreich, indem er nicht bloß das düstere, unbefriedigte Streben der Hauptfigur, sondern auch den Hohn und die herbe Ironie des Mephistopheles als Teile meines eigenen Wesens bezeichnet.«

(Eckermann, 3. Mai 1827)

Daß Moskau verbrannt ist, tut mir gar nichts. Die Weltgeschichte will künftig auch was zu erzählen haben. ... Wenn wir nun aber auf uns selbst zurückkehren und *Sie* in einem so ungeheuern, unübersehbaren Unglück Bruder und Schwester und ich auch Freunde vermisse, die mir am Herzen liegen, so fühlen wir denn freilich, in welcher Zeit wir leben und wie hoch ernst wir sein müssen, um nach alter Weise heiter sein zu können.

(An C. F. v. Reinhard, Jena, 14. November 1812)

Da fiel mir glücklicherweise ein Napoleonischer Spruch in's Gedächtnis: *l'Empereur ne connoit autre maladie que la mort*, und ich sagte daher dem Arzte, daß ich, wenn ich nicht tot wäre, Sonntag Mittag um 12 bei Hof erscheinen würde.

(An Zelter, Weimar, 3. Mai 1816)

Sie erhalten nächstens dagegen einen treuen Abriß meiner wunderlichen Militärlaufbahn; auch durch diese Erbkrankheit der Welt mußt ich einmal durch, damals ging ich der Weltgeschichte entgegen, nachher hat sie uns am eigenen Herde aufgesucht.

(An J. F. Rochlitz, Weimar, 22. April 1822)

Die Ärzte wollen mich nach Karlsbad, ich gehe ungern hin, weil ich den Glauben daran verloren habe; ferner wird man gewohnt mancherlei zu leiden und ist nicht so ungeduldig wie in der Jugend, wo man sich eingebildet eine unbeschränkte und unbedingte Existenz erreichen zu können. (An Boisserée, Weimar, 1. Mai 1818)

Fließe, fließe, lieber Fluß!
Nimmer werd' ich froh,
So verrauschte Scherz und Kuß,
Und die Treue so. (I, 129)

EPIMETHEUS:
Wer von der Schönen zu scheiden verdammt ist,
Fliehe mit abgewendetem Blick!
Wie er, sie schauend, im Tiefsten entflammt ist,
Zieht sie, ach! reißt sie ihn ewig zurück. (V, 356)

FAUST: Was kann die Welt mir wohl gewähren?
Entbehren sollst du! sollst entbehren!
Das ist der ewige Gesang,
Der jedem an die Ohren klingt,
Den, unser ganzes Leben lang,
Uns heiser jede Stunde singt. (III, 53)

FAUST [in Gretchens Kerker]:
Mich faßt ein längst entwohnter Schauer,
Der Menschheit ganzer Jammer faßt mich an.
Hier wohnt sie, hinter dieser feuchten Mauer,
Und ihr Verbrechen war ein guter Wahn! (III, 139)

MÖNCH [zu Eugenie]:
Das Element zu bändigen, vermag
Ein tiefgebeugt, vermindert Volk nicht mehr,
Und, rastlos wiederkehrend, füllt die Flut,
Mit Sand und Schlamm, des Hafens Becken aus. (V, 295)

Nichts taugt Ungeduld,
Noch weniger Reue;
Jene vermehrt die Schuld,
Diese schafft neue. (I, 315)

Übers Niederträchtige
Niemand sich beklage;
Denn es ist das Mächtige,
Was man dir auch sage. ...

Wandrer! – Gegen solche Not
Wolltest du dich sträuben?
Wirbelwind und trocknen Kot,
Laß sie drehn und stäuben. (II, 47f.)

Mußt nicht widerstehn dem Schicksal,
Aber mußt es auch nicht fliehen!
Wirst du ihm entgegengehen,
Wird's dich freundlich nach sich ziehen. (I, 313)

LIEBEN

Mir gäb' es keine größre Pein,
Wär' ich im Paradies allein. (I, 311)

Mannräuschlein nannte man im siebzehnten Jahrhundert
gar ausdrucksvoll die Geliebte. (XII, 534)

Liebes gewaschenes Seelchen ist der verliebteste Ausdruck
auf Hiddensee. (XII, 534)

Der liebt nicht, der die Fehler des Geliebten nicht für
Tugenden hält. (XII, 534)

Freiwillige Abhängigkeit ist der schönste Zustand, und wie
wäre der möglich ohne Liebe. (XII, 520)

Gegen große Vorzüge eines andern gibt es kein Rettungs-
mittel als die Liebe. (XII, 536)

Ich weiß nicht warum ich Narr soviel schreibe. Eben um die
Zeit da Ihr bei eurer Lotte gewiß nicht an mich denkt. Doch
bescheid ich mich gern nach dem Gesetz der Antipathie, da
wir die Liebenden fliehen, und die Fliehenden lieben.
(An J. Ch. Kestner, Frankfurt, 10. April 1773)

Behalten Sie mich lieb auch durch die Eiskruste, vielleicht wirds mit mir wie mit gefrornem Wein.

(An Frau von Stein, Weimar, 10. Dezember 1778)

Es ist mir fast unangenehm daß eine Zeit war wo Sie mich nicht kannten, und nicht liebten. Wenn ich wieder auf die Erde komme will ich die Götter bitten daß ich nur einmal liebe … Jetzt leb ich mit den Menschen dieser Welt, und esse und trinke spaße auch wohl mit ihnen, spüre sie aber kaum, denn mein inneres Leben geht unverrücklich seinen Gang.

(An Frau von Stein, Dornburg, 2. März 1779)

Solchen Zerstreuungen und Heiterkeiten gab ich mich um so lieber und zwar bis zur Trunkenheit hin, als mich mein leidenschaftliches Verhältnis zu Friedriken nunmehr zu ängstigen anfing. Eine solche jugendliche, aufs Geratewohl gehegte Neigung ist der nächtlich geworfenen Bombe zu vergleichen … (IX, 498)

Allerhand neues hab ich gemacht. Eine Geschichte des Titels: *die Leiden des jungen Werthers*, darin ich einen jungen Menschen darstelle, der mit einer tiefen reinen Empfindung und wahrer Penetration begabt, sich in schwärmende Träume verliert, sich durch Spekulation untergräbt, bis er zuletzt durch dazutretende unglückliche Leidenschaften; besonders eine endlose Liebe zerrüttet, sich eine Kugel vor den Kopf schießt.

(An G. F. E. Schönborn, Frankfurt, 1. Juni – 4. Juli 1774)

Abends ritt ich etwas seitwärts nach Sesenheim ... und fand
daselbst eine Familie wie ich sie vor acht Jahren verlassen
hatte beisammen, und wurde gar freundlich und gut aufgenommen. Da ich jetzt so rein und still bin wie die Luft so ist
mir der Atem guter und stiller Menschen sehr willkommen.
Die zweite Tochter vom Hause hatte mich ehmals geliebt
schöner als ichs verdiente, und mehr als andre an die ich viel
Leidenschaft und Treue verwendet habe, ich mußte sie in
einem Augenblick verlassen, wo es ihr fast das Leben kostete ... Nachsagen muß ich ihr daß sie auch nicht durch die
leiseste Berührung irgend ein altes Gefühl in meiner Seele
zu wecken unternahm. Sie führte mich in jede Laube, und
da mußt ich sitzen und so wars gut.
(An Frau von Stein, Emmendingen, 28. September 1779)

Wärst du nur jetzt bei mir! Es sind überall große breite
Betten und du solltest dich nicht beklagen wie es manchmal
zu Hause geschieht. Ach! mein Liebchen! Es ist nichts besser als beisammen zu sein. ...
Sei ja ein guter Hausschatz und bereite mir eine hübsche
Wohnung. Sorge für das Bübchen und behalte mich lieb.
Behalte mich ja lieb! denn ich bin manchmal in Gedanken eifersüchtig und stelle mir vor: daß dir ein andrer
besser gefallen könnte, weil ich viele Männer hübscher
und angenehmer finde als mich selbst. Das mußt du aber
nicht sehen, sondern du mußt mich für den besten halten weil ich dich ganz entsetzlich lieb habe und mir außer dir nichts gefällt.
(An Christiane, bei Verdun, 10. September 1792)

Es gibt eine Höflichkeit des Herzens; sie ist der Liebe verwandt. Aus ihr entspringt die bequemste Höflichkeit des äußern Betragens. (XII, 527)

Wer keine Liebe fühlt, muß schmeicheln lernen, sonst kommt er nicht aus. (XII, 536)

In jeder großen Trennung liegt ein Keim von Wahnsinn; man muß sich hüten, ihn nachdenklich auszubrüten und zu pflegen. (XII, 534)

Für die Gesinnungen gegen meine Zurückgelaßnen danke ich Euch von Herzen; sie liegen mir sehr nahe und ich gestehe gern, daß ich das Mädchen [Christiane] leidenschaftlich liebe. Wie sehr ich an sie geknüpft bin, habe ich erst auf dieser Reise gefühlt.
(An Herder und seine Frau, Mantua, 28. Mai 1790)

Am 9ten, früh, gings an ein Scheiden, wo ich denn ganz eigentlich die Trennung fühlte ... Eine gewisse Scheu verliert sich wenn man das unvermeidliche vor sich sieht und man sucht im offensten Vertrauen einen Ersatz für den drohenden Verlust. Nicht ohne Rührung war der Abschied ...
(An R. Städel für M. v. Willemer, Meiningen, 10. Oktober 1815)

Lieb' und Leidenschaft können verfliegen,
Wohlwollen aber wird ewig siegen. (I, 316)

Magnetes Geheimnis, erkläre mir das!«
Kein größer Geheimnis als Lieb' und Haß. (I, 306)

FAUST: Umgibt mich hier ein Zauberduft?
Mich drang's, so grade zu genießen,
Und fühle mich in Liebestraum zerfließen!
Sind wir ein Spiel von jedem Druck der Luft? (III, 87f.)

FAUST [über Mephistopheles]:
Er facht in meiner Brust ein wildes Feuer
Nach jenem schönen Bild geschäftig an.
So tauml' ich von Begierde zu Genuß,
Und im Genuß verschmacht' ich nach Begierde …

Hilf, Teufel, mir die Zeit der Angst verkürzen!
Was muß geschehn, mag's gleich geschehn!
Mag ihr Geschick auf mich zusammenstürzen
Und sie mit mir zugrunde gehn! (III, 104ff.)

Froh empfind' ich mich nun auf klassischem Boden
                              begeistert …
Hier befolg' ich den Rat, durchblättre die Werke
                              der Alten
   Mit geschäftiger Hand, täglich mit neuem Genuß.
Aber die Nächte hindurch hält Amor mich anders
                              beschäftigt;
   Werd' ich auch halb nur gelehrt, bin ich doch
                              doppelt beglückt.
Und belehr' ich mich nicht, indem ich des lieblichen
                              Busens
   Formen spähe, die Hand leite die Hüften hinab?
Dann versteh' ich den Marmor erst recht: ich denk'
                              und vergleiche,

Sehe mit fühlendem Aug', fühle mit sehender Hand. …
Wird doch nicht immer geküßt, es wird vernünftig
                                    gesprochen;
    Überfällt sie der Schlaf, lieg' ich und denke mir viel.
Oftmals hab' ich auch schon in ihren Armen gedichtet
    Und des Hexameters Maß leise mit fingernder Hand
Ihr auf den Rücken gezählt. Sie atmet in lieblichem
                                    Schlummer,
Und es durchglühet ihr Hauch mir bis ins Tiefste
                                    die Brust. (I, 160)

HELENA: So sage denn, wie sprech' ich auch so schön?
FAUST: Das ist gar leicht, es muß von Herzen gehn.
Und wenn die Brust von Sehnsucht überfließt,
Man sieht sich um und fragt –
HELENA: wer mitgenießt.
FAUST: Nun schaut der Geist nicht vorwärts, nicht zurück,
Die Gegenwart allein –
HELENA: ist unser Glück.
FAUST: Schatz ist sie, Hochgewinn, Besitz und Pfand;
Bestätigung, wer gibt sie?
HELENA: Meine Hand. (III, 283)

[Hermann zur Mutter:]
»Ach! da kommt mir so einsam vor wie die Kammer
                                    der Hof und
Garten, das herrliche Feld, das über die Hügel sich
                                    hinstreckt;
Alles liegt so öde vor mir: ich entbehre der Gattin.«

Da antwortete drauf die gute Mutter verständig:
»Sohn, mehr wünschest du nicht, die Braut in die
                              Kammer zu führen,
Daß dir werde die Nacht zur schönen Hälfte des Lebens
Und die Arbeit des Tags dir freier und eigener werde,
Als der Vater es wünscht und die Mutter. ...«
[Hermann:]
»Mutter, ewig umsonst gedeiht mir die reiche Besitzung
Dann vor Augen; umsonst sind künftige Jahre mir
                              fruchtbar. ...
Denn es löset die Liebe, das fühl' ich, jegliche Bande,
Wenn sie die ihrigen knüpft; und nicht das Mädchen
                              allein läßt
Vater und Mutter zurück, wenn sie dem erwähleten
                              Mann folgt;
Auch der Jüngling, er weiß nichts mehr von Mutter
                              und Vater,
Wenn er das Mädchen sieht, das einziggeliebte, davonziehn.
Darum lasset mich gehn, wohin die Verzweiflung
                              mich antreibt.« (II, 466f.)

[Der Pfarrer über Dorothea:]
»Glücklich, wem doch Mutter Natur die rechte Gestalt gab!
Denn sie empfiehlet ihn stets, und nirgends ist er
                              ein Fremdling.
Jeder nahet sich gern, und jeder möchte verweilen ...«
(II, 484)

In früher Zeit, noch froh und frei,
Spielt' ich und sang zu meinen Spielen;

Dann fing's im Herzen an zu wühlen,
Ich fragte nicht, ob ich ein Dichter sei;
Doch daß ich liebte, konnt' ich fühlen. (I, 259)

Wunderlichstes Buch der Bücher
Ist das Buch der Liebe;
Aufmerksam hab' ich's gelesen:
Wenig Blätter Freuden,
Ganze Hefte Leiden;
Einen Abschnitt macht die Trennung.
Wiedersehn – ein klein Kapitel,
Fragmentarisch! Bände Kummers,
Mit Erklärungen verlängert,
Endlos, ohne Maß ... (II, 28)

Ja, die Augen waren's, ja, der Mund,
Die mir blickten, die mich küßten.
Hüfte schmal, der Leib so rund
Wie zu Paradieses Lüsten. (II, 28)

Ist's möglich, daß ich Liebchen dich kose,
Vernehme der göttlichen Stimme Schall!
Unmöglich scheint immer die Rose,
Unbegreiflich die Nachtigall. (II, 64)

Am heißen Quell verbringst Du Deine Tage
Das regt mich auf zu innerm Zwist;
Denn wie ich dich so ganz im Herzen trage
Begreif' ich nicht wie du wo anders bist.
(An Ulrike v. Levetzow, Eger, 10. September 1823)

So kann ich ruhig durch die Welt nun reisen:
Was ich bedarf, ist überall zu haben,
Und Unentbehrlich's bring' ich mit – die Liebe. (I, 297)

Ist es möglich! Stern der Sterne,
Drück' ich wieder dich ans Herz!
Ach, was ist die Nacht der Ferne
Für ein Abgrund, für ein Schmerz! (II, 83)

So sollst du, muntrer Greis,
Dich nicht betrüben:
Sind gleich die Haare weiß,
Doch wirst du lieben. (II, 13)

Hatem
Ja, von mächtig holden Blicken,
Wie von lächelndem Entzücken
Und von Zähnen blendend klar,
Wimpernpfeilen, Lockenschlangen,
Hals und Busen reizumhangen
Tausendfältige Gefahr! (II, 67)

Suleika
Ach! wie schmeichelt's meinem Triebe,
Wenn man meinen Dichter preist:
Denn das Leben ist die Liebe,
Und des Lebens Leben Geist. (II, 75)

HANDELN, WÄHLEN, WIRKEN

Wer das erste Knopfloch verfehlt, kommt mit dem Zu-knöpfen nicht zu Rande. (XII, 546)

Es ist nichts schrecklicher als eine tätige Unwissenheit. (XII, 399)

Die Vorsicht ist einfach, die Hinterdreinsicht vielfach. (XII, 545)

Pflicht: wo man liebt, was man sich selbst befiehlt. (XII, 518)

Merck und mehrere beurteilen meinen Zustand [in Wei-mar] ganz falsch, sie sehen das nur was ich aufopfre, und nicht was ich gewinne, und sie können nicht begreifen, daß ich täglich reicher werde, indem ich täglich so viel hingebe. Sie erinnern sich der letzten Zeiten die ich bei Ihnen, eh ich hierherging, zubrachte, unter solchen fortwährenden Um-ständen würde ich gewiß zu Grunde gegangen sein. Das Unverhältnis des engen und langsam bewegten bürgerlichen Kreises zu der Weite und Geschwindigkeit meines Wesens hätte mich rasend gemacht. Bei der lebhaften Einbildung und Ahndung menschlicher Dinge, wäre ich doch immer unbekannt mit der Welt, und in einer ewigen Kindheit geblieben, welche meist durch Eigendünkel, und alle verwandte Fehler, sich und andern unerträglich wird. Wie viel glücklicher war es, mich in ein Verhältnis gesetzt zu sehen, dem ich von keiner Seite gewachsen war, wo ich durch manche Fehler des Unbegriffs und der Übereilung mich und andere kennen zu lernen, Gelegenheit genug hatte, wo ich, mir selbst und dem Schicksal überlassen, durch so viele Prüfungen ging die vielen hundert Menschen nicht nötig sein mögen, deren ich aber zu meiner Ausbildung äußerst bedürftig war. ... Indes glauben Sie mir daß ein großer Teil des guten Muts, womit ich trage und wirke aus dem Gedanken quillt, daß alle diese Aufopferungen freiwillig sind und daß ich nur dürfte Postpferde anspannen lassen, um das notdürftige und Angenehme des Lebens, mit einer unbedingten Ruhe, bei Ihnen wieder zu finden. ...

(An seine Mutter, Weimar, 11. August 1781)

Daß du über den neuen Beweis meiner Unermüdlichkeit lächeln würdest konnte ich mir wohl vorstellen, doch ist sie bei mir wenig Verdienst. Das Bedürfnis meiner Natur zwingt mich zu einer vermanichfaltigten Tätigkeit, und ich würde in dem geringsten Dorfe und auf einer wüsten Insel eben so betriebsam sein müssen um nur zu leben. Sind denn auch Dinge die mir nicht anstehen, so komme ich darüber gar leichte weg, weil es ein Artikel meines Glaubens ist, daß wir durch Standhaftigkeit und Treue in dem gegenwärtigen Zustande, ganz allein der höheren Stufe eines folgenden wert und, sie zu betreten, fähig werden, es sei nun hier zeitlich oder dort ewig.

(An Knebel, Weimar, 3. Dezember 1781)

Ich danke Gott daß er mich bei meiner Natur in eine so eng-weite Situation gesetzt hat, wo die mannigfaltigen Fasern meiner Existenz alle durchgebeizt werden können und müssen. Die Stein hält mich wie ein Korkwams über dem Wasser, daß ich mich auch mit Willen nicht ersäufen könnte.

(An Knebel, Weimar, 3. Februar 1782)

Die Seele aber wird immer tiefer in sich selbst zurückgeführt jemehr man die Menschen nach ihrer und nicht nach seiner Art behandelt, man verhält sich zu ihnen wie der Musikus zum Instrument ...

(An Frau von Stein, Koburg, 13. Mai 1782)

Unbedingte Tätigkeit, von welcher Art sie sei, macht zuletzt bankerott. (XII, 517)

Ich habe nur zwei Götter dich und den Schlaf. Ihr heilet alles an mir was zu heilen ist und seid die wechselweisen Mittel gegen die böse Geister.

(An Frau von Stein, Weimar, 15. März 1785)

In der Lage in der ich mich befinde, habe ich mir zugeschworen an nichts mehr Teil zu nehmen als an dem was ich so in meiner Gewalt habe wie ein Gedicht, wo man weiß daß man zuletzt nur sich zu tadeln oder zu loben hat ... das Leben gleicht jener beschwerlichen Art zu wallfahrten, wo man drei Schritte vor und zwei zurück tun muß.

(An J. H. Meyer, Weimar, 28. April 1797)

Das sicherste Mittel ein freundschaftliches Verhältnis zu hegen und zu erhalten, finde ich darin, daß man sich wechselweise mitteile, was man tut. Denn die Menschen treffen viel mehr zusammen in dem, was sie tun, als in dem, was sie denken.

(An S. A. W. Herder, Weimar, Dezember 1798)

Indessen mache ich Ihnen zur Pflicht ... sich nach einem Amte umzusehen, deren manche Sie mit Ehren bekleiden könnten und geschähe es nur um die Überzeugung bei sich zu nähren: daß ... wir nur in sofern für etwas gelten als wir den Bedürfnissen anderer auf eine regelmäßige und zuverlässige Weise entgegen kommen.

(An Riemer, Jena, 19. Mai 1809)

Übrigens ist mir alles verhaßt was mich bloß belehrt, ohne meine Tätigkeit zu vermehren oder unmittelbar zu beleben.

(An Schiller, Weimar, 19. Dezember 1798)

Der Handelnde ist immer gewissenlos; es hat niemand Gewissen als der Betrachtende. (XII, 399)

Ein jeder leidet, der nicht für sich selbst handelt. Man handele für andere, um mit ihnen zu genießen. (XII, 517)

Wer sich mit reiner Erfahrung begnügt und darnach handelt, der hat Wahres genug. Das heranwachsende Kind ist weise in diesem Sinne. (XII, 406)

Sieht man ein Übel, so wirkt man unmittelbar darauf, das heißt, man kuriert unmittelbar aufs Symptom los. (XII, 448)

Es ist besser, das geringste Ding von der Welt zu tun, als eine halbe Stunde für gering halten. (VIII, 481)

Wie viele Jahre muß man nicht *tun*, um nur einigermaßen zu wissen, was und wie es zu tun sei! (XII, 398)

Wenn man einige Monate die Zeitungen nicht gelesen hat und man liest sie alsdann zusammen, so zeigt sich erst, wie viel Zeit man mit diesen Papieren verdirbt. (XII, 383)

Wer's nicht besser machen kann, macht's wenigstens anders ... (XII, 504)

Gar selten tun wir uns selbst genug; desto tröstender ist es, andern genug getan zu haben. (XII, 543)

Der Kredit ist eine durch reale Leistungen erzeugte Idee der Zuverlässigkeit. (XII, 396)

Man spricht soviel von Geschmack: der Geschmack besteht in Euphemismen. Diese sind Schonungen des Ohrs mit Aufregung des Sinnes. (XII, 503)

Ein Eklektiker aber ist ein jeder, der aus dem, was ihn umgibt, aus dem, was sich um ihn ereignet, sich dasjenige aneignet, was seiner Natur gemäß ist; und in diesem Sinne gilt alles, was Bildung und Fortschreitung heißt, theoretisch oder praktisch genommen. (XII, 451)

Wer freudig tut und sich des Getanen freut, ist glücklich. (XII, 518)

Zum Tun gehört Talent, zum Wohltun Vermögen. (XII, 518)

Es ist nicht genug, daß man Talent habe, es gehört mehr dazu, um gescheit zu werden; man muß auch in großen Verhältnissen leben, und Gelegenheit haben, den spielenden Figuren der Zeit in die Karten zu sehen, und selber zu Gewinn und Verlust mitzuspielen. (Eckermann, 13. Februar 1829)

Ich weiß ... daß mich die Welt wie einen Zimmermann ansieht, der ein Kriegsschiff aufs Geratewohl oben im Gebirge gebaut hat, tausend Meilen vom Meer entfernt – aber das Wasser wird schwellen, mein Schiff wird schwimmen und seinen Erbauer im Triumph dahin tragen ...« (Bericht von J. G. Cogswell, 23. Januar 1804)

Tag und Nacht ist keine Phrase, denn gar manche nächtliche Stunden, die dem Schicksale meines Alters gemäß ich schlaflos zubringe, widme ich nicht vagen und allgemeinen Gedanken, sondern ich betrachte genau, was den nächsten Tag zu tun ... das ich denn auch redlich am Morgen beginne und so weit es möglich durchführe. Und so tu ich vielleicht mehr und vollende sinnig in zugemessenen Tagen, was man zu einer Zeit versäumt, wo man das Recht hat, zu glauben oder zu wähnen, es gebe noch Wiedermorgen und Immermorgen.

(An Boisserée, Weimar, 22. Oktober 1826)

Man hat mich immer als einen vom Glück besonders Begünstigten gepriesen; auch will ich mich nicht beklagen und den Gang meines Lebens nicht schelten. Allein im Grunde ist es nichts als Mühe und Arbeit gewesen, und ich kann wohl sagen, daß ich in meinen fünf und siebzig Jahren keine vier Wochen eigentliches Behagen gehabt. Es war das ewige Wälzen eines Steines, der immer von neuem gehoben sein wollte.

(Eckermann, 27. Januar 1824)

Ich habe keine Sorge, als mich physisch im Gleichgewicht zu bewegen; alles Andere gibt sich von selbst.

(An Zelter, Weimar, 21. November 1830)

Ich schiebe immer den Tag vor mir her, wie es denn am Ende jeder tut, wenn er seinen Kaffee getrunken hat. Leider gewinnt man weiter nichts dabei als die Überzeugung daß noch immer genug zu tun übrig bleibt.

(An Zelter, Weimar, 13. August 1831)

Zwischen heut und morgen
Liegt eine lange Frist;
Lerne schnell besorgen,
Da du noch munter bist. (I, 314)

Was verkürzt mir die Zeit?
    Tätigkeit!
Was macht sie unerträglich lang?
    Müßiggang!
Was bringt in Schulden?
    Harren und Dulden!
Was macht Gewinnen?
    Nicht lange besinnen!
Was bringt zu Ehren?
    Sich wehren! (II, 34f.)

Noch ist es Tag, da rühre sich der Mann,
Die Nacht tritt ein, wo niemand wirken kann. (II, 52)

Mein Erbteil wie herrlich, weit und breit!
Die Zeit ist mein Besitz, mein Acker ist die Zeit. (II, 52)

Es ließe sich alles trefflich schlichten,
Könnte man die Sachen zweimal verrichten. (I, 313)

FAUST: Geschrieben steht: »Im Anfang war das *Wort*!«
Hier stock' ich schon! Wer hilft mir weiter fort?
Ich kann das Wort so hoch unmöglich schätzen,
Ich muß es anders übersetzen …
Mir hilft der Geist! Auf einmal seh' ich Rat
Und schreibe getrost: Im Anfang war die *Tat*! (III, 44)

SORGE: … Hast du die Sorge nie gekannt?
FAUST: Ich bin nur durch die Welt gerannt;

64

Ein jed' Gelüst ergriff ich bei den Haaren,
Was nicht genügte, ließ ich fahren,
Was mir entwischte, ließ ich ziehn.
Ich habe nur begehrt und nur vollbracht
Und abermals gewünscht und so mit Macht
Mein Leben durchgestürmt; erst groß und mächtig,
Nun aber geht es weise, geht bedächtig.
Der Erdenkreis ist mir genug bekannt,
Nach drüben ist die Aussicht uns verrannt;
Tor, wer dorthin die Augen blinzelnd richtet,
Sich über Wolken seinesgleichen dichtet!
Er stehe fest und sehe hier sich um;
Dem Tüchtigen ist diese Welt nicht stumm.
Was braucht er in die Ewigkeit zu schweifen!
Was er erkennt, läßt sich ergreifen.
Er wandle so den Erdentag entlang;
Wenn Geister spuken, geh' er seinen Gang,
Im Weiterschreiten find' er Qual und Glück,
Er, unbefriedigt jeden Augenblick! (III, 344f.)

FAUST: Ein Sumpf zieht am Gebirge hin,
Verpestet alles schon Errungene;
Den faulen Pfuhl auch abzuziehn,
Das Letzte wär' das Höchsterrungene.
Eröffn' ich Räume vielen Millionen,
Nicht sicher zwar, doch tätig-frei zu wohnen ...
Im Innern hier ein paradiesisch Land.
Da rase draußen Flut bis auf zum Rand,
Und wie sie nascht, gewaltsam einzuschießen,

Gemeindrang eilt, die Lücke zu verschließen.
Ja, diesem Sinne bin ich ganz ergeben,
Das ist der Weisheit letzter Schluß:
Nur der verdient sich Freiheit wie das Leben,
Der täglich sie erobern muß.
Und so verbringt, umrungen von Gefahr,
Hier Kindheit, Mann und Greis sein tüchtig Jahr.
Solch ein Gewimmel möcht' ich sehn,
Auf freiem Grund mit freiem Volke stehn. (III, 348)

Nun denn! Eh' wir von hinnen eilen,
Hast noch was Kluges mitzuteilen?«

Sehnsucht ins Ferne, Künftige zu beschwichtigen,
Beschäftige dich hier und heut im Tüchtigen. (I, 390)

DANKEN, ACHTEN, VEREHREN

Die wahre Liberalität ist Anerkennung. (XII, 385)

Warum man doch ewige Mißreden hört? Sie glauben sich alle etwas zu vergeben, wenn sie das kleinste Verdienst anerkennen. (XII, 523)

Nur solchen Menschen, die nichts hervorzubringen wissen, denen ist nichts da. (XII, 524)

Nicht größern Vorteil wüßt' ich zu nennen,
Als des Feindes Verdienst erkennen. (I, 316)

Sich in seiner Beschränktheit gefallen, ist ein elender Zustand; in Gegenwart des Besten seine Beschränktheit fühlen, ist freilich ängstlich, aber diese Angst erhebt. (XII, 530)

Begegnet uns jemand, der uns Dank schuldig ist, gleich fällt es uns ein. Wie oft können wir jemand begegnen, dem wir Dank schuldig sind, ohne daran zu denken! (XII, 544)

Zutraulichkeit an der Stelle der Ehrfurcht ist immer lächerlich. (XII, 526)

Wen jemand lobt, dem stellt er sich gleich. (XII, 547)

Der Undank ist immer eine Art Schwäche. Ich habe nie gesehen, daß tüchtige Menschen wären undankbar gewesen. (XII, 543)

Die Druckerkunst war schon über hundert Jahre erfunden, demohngeachtet erschien ein Buch noch als ein Heiliges, wie wir aus dem damaligen Einbande sehen, und so war es dem edlen Dichter lieb und ehrenwert; wir aber broschieren jetzt alles und haben nicht leicht vor dem Einbande noch seinem Inhalte Respekt. (XII, 499)

Man mag nicht *mit* jedem leben, und so kann man auch nicht *für* jeden leben; wer das recht einsieht, wird seine Freunde höchlich zu schätzen wissen, seine Feinde nicht hassen noch verfolgen; vielmehr erlangt der Mensch nicht leicht einen größeren Vorteil, als wenn er die Vorzüge seiner Widersacher gewahr werden kann: dies gibt ihm ein entschiedenes Übergewicht über sie. (XII, 389)

Lichtenbergs Schriften können wir uns als der wunderbarsten Wünschelrute bedienen: wo er einen Spaß macht, liegt ein Problem verborgen. (XII, 422)

Was mich betrifft, werde ich Ihnen den größten Dank schuldig sein, wenn Sie mich endlich mit den Philosophen versöhnen, die ich nie entbehren und mit denen ich mich niemals vereinigen konnte. (An Fichte, Weimar, 24. Juni 1794)

Aus dem »Epilog zu Schillers ›Glocke‹«:
Denn er war unser! Mag das stolze Wort
Den lauten Schmerz gewaltig übertönen!
Er mochte sich bei uns, im sichern Port,
Nach wildem Sturm zum Dauernden sich gewöhnen.
Indessen schritt sein Geist gewaltig fort
Ins Ewige des Wahren, Guten, Schönen,
Und hinter ihm, in wesenlosem Scheine,
Lag, was uns alle bändigt, das Gemeine. ...

Er glänzt uns vor, wie ein Komet entschwindend,
Unendlich Licht mit seinem Licht verbindend. (I, 257ff.)

Einer Einzigen angehören,
Einen Einzigen verehren,
Wie vereint es Herz und Sinn!
Lida, Glück der nächsten Nähe,
William, Stern der schönsten Höhe,
Euch verdank’ ich, was ich bin.
Tag’ und Jahre sind verschwunden,
Und doch ruht auf jenen Stunden
Meines Wertes Vollgewinn. (I, 373)

Im Atemholen sind zweierlei Gnaden:
Die Luft einziehn, sich ihrer entladen.
Jenes bedrängt, dieses erfrischt;
So wunderbar ist das Leben gemischt.
Du danke Gott, wenn er dich preßt,
Und dank’ ihm, wenn er dich wieder entläßt. (II, 10)

MEINEN, WÄHNEN, IRREN

Wenn ein paar Menschen recht miteinander zufrieden sind, kann man meistens versichert sein, daß sie sich irren. (XII, 522)

Wie in Rom außer den Römern noch ein Volk von Statuen war, so ist außer dieser realen Welt noch eine Welt des Wahns, viel mächtiger beinahe, in der die meisten leben. (XII, 520)

Es ist immer dieselbe Welt, die der Betrachtung offensteht ... und es sind immer dieselben Menschen, die im Wahren oder Falschen leben, im letzten bequemer als im ersten. (XII, 450)

Ein geistreicher Mann sagte, die neuere Mystik sei die Dialektik des Herzens und deswegen mitunter so erstaunenswert und verführerisch, weil sie Dinge zur Sprache bringe, zu denen der Mensch auf dem gewöhnlichen Verstands-, Vernunfts- und Religionswege nicht gelangen würde. Wer sich Mut und Kraft glaube, sie zu studieren, ohne sich betäuben zu lassen, der möge sich in diese Höhle des Trophonios versenken, jedoch auf seine eigene Gefahr. (XII, 375)

Der eigentliche Obskurantismus ist nicht, daß man die Ausbreitung des Wahren, Klaren, Nützlichen hindert, sondern daß man das Falsche in Kurs bringt. (XII, 410)

Die Wahrheit widerspricht unserer Natur, der Irrtum nicht, und zwar aus einem sehr einfachen Grunde … der Irrtum schmeichelt uns … (XII, 409)

Der Irrtum ist recht gut, solange wir jung sind; man muß ihn nur nicht mit ins Alter schleppen. (XII, 541)

Ja, wenn man in der Jugend nicht tolle Streiche machte, und mitunter einen Buckel voll Schläge mit hinwegnähme, was wollte man denn im Alter für Betrachtungs-Stoff haben? (Bericht von Kanzler Müller, 18. Mai 1821)

Der Irrtum verhält sich gegen das Wahre wie der Schlaf gegen das Wachen. Ich habe bemerkt, daß man aus dem Irren sich wie erquickt wieder zu dem Wahren hinwende. (XII, 410)

Alle Menschen, wie sie zur Freiheit gelangen, machen ihre Fehler gelten: die Starken das Übertreiben, die Schwachen das Vernachlässigen. (XII, 520)

Die Menschen werden durch Gesinnungen vereinigt, durch Meinungen getrennt. Jene sind ein Einfaches, in dem wir uns zusammenfinden, diese ein Mannigfaltiges, in das wir uns zerstreun. Die Freundschaften der Jugend gründen sich auf's Erste, an den Spaltungen des Alters haben die letztern Schuld. Würde man dieses früher gewahr, verschaffte man sich bald, indem man seine eigne Denkweise ausbildet, eine liberale Ansicht der übrigen, ja der entgegengesetzten, so würde man viel verträglicher sein, und würde durch Gesinnung das wieder zu sammeln suchen, was die Meinung zersplittert hat.

(An F. H. Jacobi, Weimar, 6. Januar 1813)

Die Natur auffassen und sie unmittelbar benutzen ist wenig Menschen gegeben; zwischen Erkenntnis und Gebrauch erfinden sie sich gern ein Luftgespinst, das sie sorgfältig ausbilden und darüber den Gegenstand zugleich mit der Benutzung vergessen. (XII, 449)

Unsre Meinungen sind nur Supplemente unsrer Existenz. Wie einer denkt, daran kann man sehn, was ihm fehlt. Die leersten Menschen halten sehr viel auf sich, treffliche sind mißtrauisch, der Lasterhafte ist frech, und der Gute ist ängstlich. (XII, 532)

Eitelkeit ist eine persönliche Ruhmsucht: man will nicht wegen seiner Eigenschaften, seiner Verdienste, Taten geschätzt, geehrt, gesucht werden, sondern um seines individuellen Daseins willen. Am besten kleidet die Eitelkeit deshalb eine frivole Schöne. (XII, 537)

Es gibt viele Menschen, die sich einbilden, was sie erfahren, das verstünden sie auch. (XII, 543)

Das Absurde, Falsche läßt sich jedermann gefalle
es schleicht sich ein; das Wahre, Derbe nicht:
schließt aus. (XII, 409)

Gerechtigkeit: Eigenschaft und Phantom der Deutschen.
(XII, 386)

Das Publikum will wie Frauenzimmer behandelt sein: man
soll ihnen durchaus nichts sagen, als was sie hören möchten. (XII, 503)

Der Schmutz ist glänzend, wenn die Sonne scheinen mag.
(XII, 547)

Hundert graue Pferde machen nicht einen einzigen Schim-
mel. (XII, 547)

Ach, so viele tausend Menschen kennen,
Dumpf sich treibend, kaum ihr eigen Herz,
Schweben zwecklos hin und her und rennen
Hoffungslos in unversehnem Schmerz;
Jauchzen wieder, wenn der schnellen Freuden
Unerwart'te Morgenröte tagt.
Nur uns armen liebevollen beiden
Ist das wechselseit'ge Glück versagt,
Uns zu lieben, ohn' uns zu verstehen,
In dem andern sehn, was er nie war,
Immer frisch auf Traumglück auszugehen
Und zu schwanken auch in Traumgefahr. (I, 122)

WAGNER: Verzeiht! es ist ein groß Ergetzen,
Sich in den Geist der Zeiten zu versetzen;
Zu schauen, wie vor uns ein weiser Mann gedacht,
Und wie wir's dann zuletzt so herrlich weit gebracht.
FAUST: O ja, bis an die Sterne weit!
Mein Freund, die Zeiten der Vergangenheit
Sind uns ein Buch mit sieben Siegeln.
Was ihr den Geist der Zeiten heißt,
Das ist im Grund der Herren eigner Geist,
In dem die Zeiten sich bespiegeln. (III, 26)

FAUST: O glücklich, wer noch hoffen kann
Aus diesem Meer des Irrtums aufzutauchen!
Was man nicht weiß, das eben brauchte man,
Und was man weiß, kann man nicht brauchen. (III, 39)

Wenn dir's in Kopf und Herzen schwirrt,
Was willst du Beßres haben!
Wer nicht mehr liebt und nicht mehr irrt,
Der lasse sich begraben. (I, 315)

HASSEN, KRITISIEREN, KORRIGIEREN

Die empirisch-sittliche Welt besteht größtenteils nur aus bösem Willen und Neid. (XII, 520)

Wenn die Menschen recht schlecht werden, haben sie keinen Anteil mehr als die Schadenfreude. (XII, 537)

Der Haß ist ein aktives Mißvergnügen, der Neid ein passives; deshalb darf man sich nicht wundern, wenn der Neid so schnell in Haß übergeht. (XII, 536)

Die Gelehrten sind meist gehässig, wenn sie widerlegen; einen Irrenden sehen sie gleich als ihren Todfeind an.
(XII, 427)

Wie wollte einer als Meister in seinem Fach erscheinen, wenn er nichts Unnützes lehrte! (XII, 427)

In den Zeitungen ist alles Offizielle geschraubt, das übrige platt. (XII, 383)

Die Menschen in Masse werden von jeher nur verbunden durch Vorurteile, und aufgeregt durch Leidenschaften ...
(An A. O. Blumenthal, Weimar, 28. Mai 1819)

Vom Verdienste fordert man Bescheidenheit; aber diejenigen, die unbescheiden das Verdienst schmälern, werden mit Behagen angehört. (XII, 523)

Laßt uns nur nicht dadurch, daß wir notwendig manchmal aneinander geraten müssen, nicht dadurch wie Weichlinge abgeschreckt werden ...
(An Herder, Wetzlar, Mitte Juli 1772)

Man läßt sich seine Mängel vorhalten, man läßt sich strafen, man leidet manches um ihrer willen mit Geduld; aber ungeduldig wird man, wenn man sie ablegen soll. (XII, 533)

Ausgezeichnete Personen sind daher übler dran als andere: da man sich mit ihnen nicht vergleicht, paßt man ihnen auf. (XII, 525)

Die Natur gerät auf Spezifikationen wie in eine Sackgasse: sie kann nicht durch und mag nicht wieder zurück; daher die Hartnäckigkeit der Nationalbildung. (XII, 370)

Die Lust der Deutschen am Unsichern in den Künsten kommt aus der Pfuscherei her; denn wer pfuscht, darf das Rechte nicht gelten lassen, sonst wäre er gar nichts. (XII, 482)

Die Deutschen sollten in einem Zeitraume von dreißig Jahren das Wort Gemüt nicht aussprechen, dann würde nach und nach Gemüt sich wieder erzeugen; jetzt heißt es nur Nachsicht mit Schwächen, eignen und fremden.
(XII, 386)

Die Deutschen sind im Durchschnitt rechtliche, biedere Menschen aber von Originalität, Erfindung, Charakter, Einheit, und Ausführung eines Kunstwerks haben sie nicht den mindesten Begriff. ... Den rohen Teil hat man durch Abwechslung und Übertreiben, den gebildetern durch eine Art Honettetät zum Besten. Ritter, Räuber, Wohltätige, Dankbare, ein redlicher biederer Tiers Etat, ein infamer Adel pp. und durchaus eine wohlsoutenierte Mittelmäßigkeit, aus der man nur allenfalls abwärts ins Platte, aufwärts in den Unsinn einige Schritte wagt, das sind nun schon zehen Jahre die Ingredienzien und der Charakter unsrer Romane und Schauspiele.

(An Reichardt, Weimar, 28. Februar 1790)

Die Deutschen haben die eigne Art, daß sie nichts annehmen können, wie man's ihnen gibt, reicht man ihnen den Stiel des Messers zu, so finden sie ihn nicht scharf, bietet man ihnen die Spitze, so schreien sie über Verletzung.

(An C. L. v. Woltmann, Weimar, 5. Februar 1813)

Da ... soll der zweite Teil meiner Italienischen Reise auch an die Reihe, freilich mit dem alten Motto *auch **Ich** in Arkadien*. Dieses Italien ist ein so abgedroschnes Land, daß wenn ich mich darin nicht selbst als in einem verjüngenden Spiegel sähe, so möchte ich gar nichts davon wissen.

(An Zelter, Weimar, 29. Mai 1817)

Pfaffen und Schulleute quälen unendlich, die Reformation soll durch hunderterlei Schriften verherrlicht werden ...

unter uns gesagt, ist an der ganzen Sache nichts interessant als Luthers Charakter und es ist auch das Einzige, was der Menge eigentlich imponiert. Alles Übrige ist ein verworrener Quark, wie er uns noch täglich zur Last fällt.

(An Knebel, Weimar, 22. August 1817)

Die Gebrüder Schlegel waren und sind bei soviel schönen Gaben unglückliche Menschen ihr Leben lang ... so erstickte doch Friedlich Schlegel am Wiederkäuen sittlicher und religioser Absurditäten ...

(An Zelter, Weimar, 20. Oktober 1831)

Das Romantische, wo es in der Großheit an das Antike grenzt, wie in den Nibelungen, hat wohl auch Stil, das heißt eine gewisse Großheit in der Behandlung, aber keinen Geschmack. Die sogenannte romantische Poesie zieht besonders unsere jungen Leute an, weil sie der Willkür, der Sinnlichkeit, dem Hange nach Ungebundenheit, kurz der Neigung der Jugend schmeichelt. Mit Gewalt setzt man alles durch. Seinem Gegner bietet man Trotz. Die Weiber werden angebetet: alles wie es die Jugend macht.

(Bericht von Riemer, 28. August 1808)

... alles aber, mein Teuerster, ist jetzt *ultra* ... Von reiner Einfalt kann die Rede nicht sein; einfältiges Zeug gibt es genug. ...

Reichtum und Schnelligkeit ist was die Welt bewundert und wornach jeder strebt; Eisenbahnen, Schnellposten, Dampfschiffe und alle mögliche Fazilitäten der Kommunikation sind es worauf die gebildete Welt ausgeht, sich zu

überbieten, zu überbilden und dadurch in der Mittelmäßigkeit zu verharren. ...
Laß uns soviel als möglich an der Gesinnung halten in der
wir herankamen, wir werden, mit vielleicht noch wenigen,
die Letzten sein einer Epoche die sobald nicht wiederkehrt.
(An Zelter, Weimar, vermutlich. 6. Juni 1825)

»... Eigenlob stinket.« Das mag sein; was aber fremder und
ungerechter Tadel für einen Geruch habe, dafür hat das
Publikum keine Nase. (XII, 523)

Mancher klopft mit dem Hammer an der Wand herum und
glaubt, er treffe jedesmal den Nagel auf den Kopf. (XII, 546)

Das Gemeine muß man nicht rügen; denn das bleibt sich
ewig gleich. (XII, 513)

Man darf nur alt werden, um milder zu sein; ich sehe
keinen Fehler begehen, den ich nicht auch begangen hätte.
(XII, 542)

Die Mängel erkennt nur der Lieblose; deshalb, um sie ein-
zusehen, muß man auch lieblos werden, aber nicht mehr,
als hiezu nötig ist. (XII, 533)

Es ist keine Kunst, eine Göttin zur Hexe, eine Jungfrau
zur Hure zu machen; aber zur umgekehrten Operation,
Würde zu geben dem Verschmähten, wünschenswert zu
machen das Verworfene, dazu gehört entweder Kunst oder
Charakter. (XII, 492)

Wenn mancher sich nicht verpflichtet fühlte, das Unwahre zu wiederholen, weil er's einmal gesagt hat, so wären es ganz andere Leute geworden. (XII, 411)

Die Deutschen, und sie nicht allein, besitzen die Gabe, die Wissenschaften unzugänglich zu machen. (XII, 427)

Genau besehen, haben wir uns noch alle Tage zu reformieren und gegen andere zu protestieren, wenn auch nicht in religiösem Sinne. (XII, 374)

MEPHISTOPHELES:
Man darf das nicht vor keuschen Ohren nennen,
Was keusche Herzen nicht entbehren können. (III, 105)

Die Kritik erscheint wie Ate: sie verfolgt die Autoren, aber hinkend. (XII, 504)

Die Dialektik ist die Ausbildung des Widersprechungsgeistes ... (XII, 445)

Gegner glauben, uns zu widerlegen, wenn sie ihre Meinung wiederholen und auf die unsrige nicht achten. (XII, 465)

Dummheit, seinen Feind vor dem Tode, und Niederträchtigkeit, nach dem Siege zu verkleinern. (XII, 520)

Wer streiten will, muß sich hüten, bei dieser Gelegenheit Sachen zu sagen, die ihm niemand streitig macht. (XII, 411)

Aus einer großen Gesellschaft heraus
Ging einst ein stiller Gelehrter zu Haus.
Man fragte: »Wie seid Ihr zufrieden gewesen?«
»Wären's Bücher«, sagt er, »ich würd' sie nicht lesen.« (I, 312)

Was euch die heilige Preßfreiheit
Für Frommen, Vorteil und Früchte beut?
Davon habt ihr gewisse Erscheinung:
Tiefe Verachtung öffentlicher Meinung. (I, 332)

Wie mancher Mißwillige schnuffelt und wittert
Um das von der Muse verliehne Gedicht;
Sie haben Lessing das Ende verbittert –
Mir sollen sie's nicht! (I, 323)

Im Auslegen seid frisch und munter!
Legt ihr's nicht aus, so legt was unter. (I, 329)

Wisse, daß mir sehr mißfällt,
Wenn so viele singen und reden!
Wer treibt die Dichtkunst aus der Welt?
          Die Poeten! (II, 59)

Da hatt' ich einen Kerl zu Gast,
Er war mir eben nicht zur Last,
Ich hatt' just mein gewöhnlich Essen.
Hat sich der Kerl pumpsatt gefressen;
Zum Nachtisch, was ich gespeichert hatt'.
Und kaum ist mir der Kerl so satt,

Tut ihn der Teufel zum Nachbar führen,
Über mein Essen zu räsonieren:
Die Supp' hätt' können gewürzter sein,
Der Braten brauner, firner der Wein. –
Der Tausendsackerment!
Schlagt ihn tot, den Hund! Es ist ein Rezensent. (I, 62)

So will der Spitz aus unserm Stall
Uns immerfort begleiten,
Und seines Bellens lauter Schall
Beweist nur, daß wir reiten. (I, 337)

Für mich hab' ich genug erworben,
Soviel auch Widerspruch sich regt;
Sie haben meine Gedanken verdorben
Und sagen, sie hätten mich widerlegt. (I, 328)

So widerstrebe! Das wird dich adeln;
Willst vor der Feierstunde schon ruhn?«
Ich bin zu alt, um etwas zu tadeln,
Doch immer jung genug, etwas zu tun. (I, 324)

GLAUBEN

Beim Glauben, sagte ich, komme alles darauf an, *daß* man glaube; *was* man glaube, sei völlig gleichgültig. Der Glaube sei ein großes Gefühl von Sicherheit für die Gegenwart und Zukunft, und diese Sicherheit entspringe aus dem Zutrauen auf ein übergroßes, übermächtiges und unerforschliches Wesen. Auf die Unerschütterlichkeit dieses Zutrauens komme alles an; wie wir uns aber dieses Wesen denken, dies … sei ganz gleichgültig. (X, 23)

Es gibt nur zwei wahre Religionen, die eine, die das Heilige, das in und um uns wohnt, ganz formlos, die andere, die es in der schönsten Form anerkennt und anbetet. Alles, was dazwischen liegt, ist Götzendienst. (XII, 372)

Du hältst das Evangelium wie es steht für die göttlichste Wahrheit, mich würde eine vernehmliche Stimme vom Himmel nicht überzeugen, daß das Wasser brennt und das Feuer löscht, daß ein Weib ohne Mann gebiert, und daß ein Toter aufersteht; vielmehr halte ich dieses für Lästerungen gegen den großen Gott und seine Offenbarung in der Natur.

(An Lavater, Weimar, 9. August 1782)

Wie es vor alten Zeiten, da die Menschen an der Erde lagen, eine Wohltat war, ihnen auf den Himmel zu deuten, und sie auf's Geistige aufmerksam zu machen, so ist's jetzt eine größere sie nach der Erde zurückzuführen und die Elastizität ihrer angefesselten Ballons ein wenig zu vermindern.

(An Knebel, Weimar, 17. November 1784)

Du erkennst die höchste Realität an, welche der Grund des ganzen Spinozismus ist, worauf alles übrige ruht, woraus alles übrige fließt. Er beweist nicht das Dasein Gottes, das Dasein ist Gott. Und wenn ihn andre deshalb Atheum schelten, so möchte ich ihn *theissimum* ja *christianissimum* nennen und preisen.

(An F. H. Jacobi, Ilmenau, 9. Juni 1785)

Bald nach ihrer Entstehung und Verbreitung litt die christliche Religion durch sinnige und unsinnige Ketzereien, sie verlor ihr ursprüngliches Reine. Als sie aber gar rohe Völker und verderbte Gesittete bändigen und beherrschen sollte, waren derbe Mittel nötig ... und so entstand eine Art von heidnischem Judentum, das noch bis auf den heutigen Tag lebt und webt. Das mußte alles in den Gemütern umgeworfen werden, deshalb bezieht sich das Luthertum einzig auf die Bibel. Luthers Verfahren ist kein Geheimnis, und jetzt da wir ihn feiern sollen tun wir es nur alsdann im rechten Sinne, wenn wir sein Verdienst anerkennen ... Dieses Fest wäre so zu begehen, daß es jeder wohldenkende Katholik mitfeierte.

(An Zelter, Weimar, 14. November 1816)

Deshalb ist die Bibel ein ewig wirksames Buch, weil, so lange die Welt steht, niemand auftreten und sagen wird: ich begreife es im Ganzen und verstehe es im Einzelnen. Wir aber sagen bescheiden: im Ganzen ist es ehrwürdig und im Einzelnen anwendbar. (XII, 374)

Christliche Mystiker sollte es gar nicht geben, da die Religion selbst Mysterien darbietet. Auch gehen sie immer gleich ins Abstruse, in den Abgrund des Subjekts. (XII, 375)

Der Mystizismus ist die Scholastik des Herzens, die Dialektik des Gefühls. (XII, 375)

Das Esoterische schadet nur, indem es exoterisch zu werden trachtet. (XII, 432)

Der Aberglaube ist die Poesie des Lebens; deswegen schadet's dem Dichter nicht, abergläubisch zu sein. (XII, 494)

Der *astrologische Aberglaube* ruht auf dem dunkeln Gefühl eines ungeheuren Weltganzen. Die Erfahrung spricht, daß die nächsten Gestirne einen entschiedenen Einfluß auf Witterung, Vegetation u.s.w. haben, man darf nur stufenweise immer aufwärts steigen und es läßt sich nicht sagen wo diese Wirkung aufhört. ... Ist doch der Philosoph geneigt, ja genötigt eine Wirkung auf das Entfernteste anzunehmen. ... Diesen und ähnlichen Wahn möchte ich nicht einmal Aberglauben nennen, er liegt unserer Natur so nahe, ist so leidlich und läßlich als irgend ein Glaube. (An Schiller, Weimar, 8. Dezember 1798)

Wir sind naturforschend Pantheisten, dichtend Polytheisten, sittlich Monotheisten. (XII, 372)

Gott, wenn wir hoch stehen, ist alles; stehen wir niedrig, so ist er ein Supplement unsrer Armseligkeit. (XII, 372)

Die Kunst ruht auf einer Art religiosem Sinn, auf einem tiefen, unerschütterlichen Ernst; deswegen sie sich auch so gern mit der Religion vereinigt. Die Religion bedarf keines Kunstsinnes, sie ruht auf ihrem eignen Ernst; sie verleiht aber auch keinen, so wenig sie Geschmack gibt. (XII, 468)

Der Sinn und das Bestreben der Griechen ist, den Menschen zu vergöttern, nicht die Gottheit zu vermenschen. Hier ist ein Theomorphism, kein Anthropomorphism! (XII, 136)

Antike Tempel konzentrieren den Gott im Menschen; des Mittelalters Kirchen streben nach dem Gott in der Höhe. (XII, 377)

Frömmigkeit ist kein Zweck, sondern ein Mittel, um durch die reinste Gemütsruhe zur höchsten Kultur zu gelangen. (XII, 372)

Deswegen läßt sich bemerken, daß diejenigen, welche Frömmigkeit als Zweck und Ziel aufstecken, meistens Heuchler werden. (XII, 372)

Da ich zwar kein Widerchrist, kein Unchrist aber doch ein dezidierter Nichtchrist bin, so haben mir dein Pilatus und

so weiter widrige Eindrücke gemacht, weil du dich gar zu
ungebärdig gegen den alten Gott und seine Kinder stellst.
(An Lavater, Weimar, 29. Juli 1782)

Alle Bekehrungsversuche, wenn sie nicht gelingen, machen denjenigen, den man zum Proselyten aussersah, starr
und verstockt, und dieses war um so mehr mein Fall, als
Lavater zuletzt mit dem harten Dilemma hervortrat: Entweder Christ oder Atheist! Ich erklärte darauf, daß, wenn
er mir mein Christentum nicht lassen wollte, wie ich es
bisher gehegt hätte, so könnte ich mich auch wohl zum
Atheismus entschließen, zumal da ich sähe, daß niemand
recht wisse, was beides eigentlich heißen solle. (X, 16)

[Prometheus:]
Da ich ein Kind war,
Nicht wußt', wo aus, wo ein,
Kehrte mein verirrtes Aug'
Zur Sonne, als wenn drüber wär'
Ein Ohr, zu hören meine Klage,
Ein Herz wie meins,
Sich des Bedrängten zu erbarmen. ...

Hier sitz' ich, forme Menschen
Nach meinem Bilde,
Ein Geschlecht, das mir gleich sei,
Zu leiden, weinen,
Genießen und zu freuen sich,
Und dein nicht zu achten,
Wie ich. (I, 45f.)

Goethe sagte einmal zu Rühle: »Ich heidnisch? Nun, ich habe doch Gretchen hinrichten und Ottilien verhungern lassen, ist denn das den Leuten nicht christlich genug? was wollen sie noch Christlicheres?«
(Bericht von Varnhagen v. Ense, September 1809)

Wir kennen nur Ganglien, Gehirnknoten; vom Wesen des Gehirns selbst wissen wir so viel als gar nichts. Was wollen wir denn also von Gott wissen?
(Bericht von J. D. Falk, 25. Januar 1813)

Im Innern ist ein Universum auch;
Daher der Völker löblicher Gebrauch,
Daß jeglicher das Beste, was er kennt,
Er Gott, ja seinen Gott benennt,
Ihm Himmel und Erden übergibt,
Ihn fürchtet und wo möglich liebt. (I, 357)

Was wär' ein Gott, der nur von außen stieße,
Im Kreis das All am Finger laufen ließe!
Ihm ziemt's, die Welt im Innern zu bewegen,
Natur in Sich, Sich in Natur zu hegen … (I, 357)

Närrisch, daß jeder in seinem Falle
Seine besondere Meinung preist!
Wenn *Islam* Gott ergeben heißt,
In Islam leben und sterben wir alle. (II, 56)

Indessen sammeln sich wieder neue Gedichte zum Divan. Diese mohammedanische Religion, Mythologie, Sitte ge-

ben Raum einer Poesie wie sie meinen Jahren ziemt. Unbedingtes Ergeben in den unergründlichen Willen Gottes, heiterer Überblick des beweglichen, immer kreis- und spiralartig wiederkehrenden Erdetreibens, Liebe, Neigung zwischen zwei Welten schwebend, alles Reale geläutert, sich symbolisch auflösend. Was will der Großpapa weiter?
(An Zelter, Karlsbad, 11. Mai 1820)

Suleika spricht
Der Spiegel sagt mir, ich bin schön!
Ihr sagt: zu altern sei auch mein Geschick.
Vor Gott muß alles ewig stehn,
In mir liebt Ihn, für diesen Augenblick. (II, 41)

Gottes ist der Orient!
Gottes ist der Okzident!
Nord- und südliches Gelände
Ruht im Frieden seiner Hände. (II, 10)

FAUST: Was sucht ihr, mächtig und gelind,
Ihr Himmelstöne, mich am Staube?
Klingt dort umher, wo weiche Menschen sind.
Die Botschaft hör' ich wohl, allein mir fehlt der Glaube;
Das Wunder ist des Glaubens liebstes Kind.
Zu jenen Sphären wag' ich nicht zu streben,
Woher die holde Nachricht tönt;
Und doch, an diesen Klang von Jugend auf gewöhnt,
Ruft er auch jetzt zurück mich in das Leben ...
O tönet fort, ihr süßen Himmelslieder!
Die Träne quillt, die Erde hat mich wieder! (III, 31)

MEPHISTOPHELES [zum Schüler]:
Nachher, vor allen andern Sachen,
Müßt Ihr Euch an die Metaphysik machen!
Da seht, daß Ihr tiefsinnig faßt,
Was in des Menschen Hirn nicht paßt;
Für was drein geht und nicht drein geht,
Ein prächtig Wort zu Diensten steht ...
Im ganzen – haltet Euch an Worte!
Dann geht Ihr durch die sichre Pforte
Zum Tempel der Gewißheit ein.
SCHÜLER: Doch ein Begriff muß bei dem Worte sein.
MEPHISTOPHELES:
Schon gut! Nur muß man sich nicht allzu ängstlich quälen;
Denn eben wo Begriffe fehlen,
Da stellt ein Wort zur rechten Zeit sich ein. (III, 63ff.)

MARGARETE: ... Glaubst du an Gott?
FAUST: Mein Liebchen, wer darf sagen:
Ich glaub' an Gott?
Magst Priester oder Weise fragen,
Und ihre Antwort scheint nur Spott
Über den Frager zu sein.
MARGARETE: So glaubst du nicht?
FAUST: Mißhör mich nicht, du holdes Angesicht!
Wer darf ihn nennen?
Und wer bekennen:
Ich glaub' ihn.
Wer empfinden,
Und sich unterwinden
Zu sagen: ich glaub' ihn nicht? ...

Ich habe keinen Namen
Dafür! Gefühl ist alles;
Name ist Schall und Rauch,
Umnebelnd Himmelsglut.
MARGARETE: Das ist alles recht schön und gut;
Ungefähr sagt das der Pfarrer auch,
Nur mit ein bißchen andern Worten.
FAUST: Es sagen's allerorten
Alle Herzen unter dem himmlischen Tage,
Jedes in seiner Sprache;
Warum nicht ich in der meinen?
MARGARETE:
Wenn man's so hört, möcht's leidlich scheinen,
Steht aber doch immer schief darum;
Denn du hast kein Christentum. (III, 109f.)

Mephistopheles darf seine Wette nur halb gewinnen, und
wenn die halbe Schuld auf Faust ruhen bleibt, so tritt das
Begnadigungs-Recht des alten Herrn sogleich herein, zum
heitersten Schluß des Ganzen.
(An C. E. Schubarth, Jena, 3. November 1820)

Glaubt nicht, daß ich fasele, daß ich dichte,
Seht hin und findet mir andre Gestalt!
Es ist die ganze Kirchengeschichte
Mischmasch von Irrtum und von Gewalt. (I, 334)

Niemand soll ins Kloster gehn,
Als sei er denn wohl versehn
Mit gehörigem Sündenvorrat.

Damit es ihm so früh als spat
Nicht mög' am Vergnügen fehlen,
Sich mit Reue durchzuquälen. (I, 335)

Wer Wissenschaft und Kunst besitzt,
Hat auch Religion;
Wer jene beiden nicht besitzt,
Der habe Religion. (I, 367)

Was kann der Mensch im Leben mehr gewinnen,
    Als daß sich Gott-Natur ihm offenbare?
    Wie sie das Feste läßt zu Geist verrinnen,
    Wie sie das Geisterzeugte fest bewahre. (I, 367)

DENKEN UND URTEILEN

Nicht überall, wo Wasser ist, sind Frösche; aber wo man Frösche hört, ist Wasser. (XII, 547)

Der Verständige findet fast alles lächerlich, der Vernünftige fast nichts. (XII, 529)

Innerhalb einer Epoche gibt es keinen Standpunkt, eine Epoche zu betrachten. (XII, 502)

Die Sinne trügen nicht, das Urteil trügt. (XII, 406)

Das Gedächtnis mag immer schwinden, wenn das Urteil im Augenblick nicht fehlt. (XII, 539)

Niemand würde viel in Gesellschaften sprechen, wenn er sich bewußt wäre, wie oft er die andern mißversteht. (XII, 527)

Ein jeder, weil er spricht, glaubt, auch über die Sprache sprechen zu können. (XII, 511)

… eine tief umfassende Synthesis begreift nicht leicht jemand. (XII, 477)

Man muß sein Glaubensbekenntnis von Zeit zu Zeit wiederholen, aussprechen, was man billigt, was man verdammt; der Gegenteil läßt's ja auch nicht daran fehlen. (XII, 465)

Es ist mit Meinungen, die man wagt, wie mit Steinen, die man voran im Brette bewegt: sie können geschlagen werden, aber sie haben ein Spiel eingeleitet, das gewonnen wird. (XII, 421)

Aufrichtig zu sein, kann ich versprechen, unparteiisch zu sein, aber nicht. (XII, 545)

Das Naive als natürlich ist mit dem Wirklichen verschwistert. Das Wirkliche ohne sittlichen Bezug nennen wir gemein. (XII, 512)

Durch nichts bezeichnen die Menschen mehr ihren Charakter als durch das, was sie lächerlich finden. (XII, 529)

Eigentlich lernen wir nur von Büchern, die wir nicht beurteilen können. Der Autor eines Buchs, das wir beurteilen könnten, müßte von uns lernen. (XII, 466)

Theorien sind gewöhnlich Übereilungen eines ungeduldigen Verstandes, der die Phänomene gern los sein möchte und an ihrer Stelle deswegen Bilder, Begriffe, ja oft nur Worte einschiebt. Man ahnet, man sieht auch wohl, daß es nur ein Behelf ist; liebt sich nicht aber Leidenschaft und Parteigeist jederzeit Behelfe? Und mit Recht, da sie ihrer so sehr bedürfen. (XII, 440)

Was ich aussprach, ist nicht aus der Luft gegriffen, es hat immer ein Substrat; wie denn neuerlich ein werter unterrichteter Mann meine Art und Weise ein *gegenständliches Denken* genannt hat ... Ich bin wohl zufrieden mit dieser Auslegung meiner Träume.

(An Boisserée, Weimar, 22. Dezember 1822)

Meyer pflegt immer zu sagen, fiel Goethe lachend ein, *wenn nur das Denken nicht so schwer wäre!* – Das Schlimme aber ist, fuhr er heiter fort, daß alles Denken zum Denken nichts hilft; man muß von Natur richtig sein, so daß die guten Einfälle immer wie freie Kinder Gottes vor uns dastehen und uns zurufen: da sind wir!

(Eckermann, 24. Februar 1824)

Das französische esprit, sagte Goethe, kommt dem nahe, was wir Deutschen *Witz* nennen. Unser *Geist* würden die Franzosen vielleicht durch esprit und ame ausdrücken. Es liegt darin zugleich der Begriff von Produktivität, welchen das französische esprit nicht hat.

(Eckermann, 21. März 1831)

Le sens commun est le Génie de l'humanité. (XII, 444)

Der Gemeinverstand, der als Genie der Menschheit gelten soll, muß vorerst in seinen Äußerungen betrachtet werden. Forschen wir, wozu ihn die Menschheit benutzt, so finden wir folgendes:
Die Menschheit ist bedingt durch Bedürfnisse. Sind diese nicht befriedigt, so erweist sie sich ungeduldig; sind sie

befriedigt, so erscheint sie gleichgültig. Der eigentliche Mensch bewegt sich also zwischen beiden Zuständen, und seinen Verstand, den sogenannten Menschenverstand, wird er anwenden, seine Bedürfnisse zu befriedigen; ist es geschehen, so hat er die Aufgabe, die Räume der Gleichgültigkeit auszufüllen. Beschränkt sich dieses in die nächsten und notwendigsten Grenzen, so gelingt es ihm auch. Erheben sich aber die Bedürfnisse, treten sie aus dem Kreise des Gemeinen heraus, so ist der Gemeinverstand nicht mehr hinreichend, er ist kein Genius mehr, die Region des Irrtums ist der Menschheit aufgetan. (XII, 444)

Der Scharfsinn verläßt geistreiche Männer am wenigsten, wenn sie unrecht haben. (XII, 411)

Begriff ist *Summe*, Idee *Resultat* der Erfahrung; jene zu ziehen, wird Verstand, dieses zu erfassen, Vernunft erfordert. (XII, 438)

Denken ist interessanter als Wissen, aber nicht als Anschauen. (XII, 398)

Alles ist einfacher, als man denken kann, zugleich verschränkter, als zu begreifen ist. (XII, 437)

Zum Ergreifen der Wahrheit braucht es ein viel höheres Organ als zur Verteidigung des Irrtums. (XII, 406)

Es ist was Schreckliches um einen vorzüglichen Mann, auf den sich die Dummen was zugute tun. (XII, 524)

Toren und gescheite Leute sind gleich unschädlich. Nur die Halbnarren und Halbweisen, das sind die gefährlichsten. (XII, 523)

Es gibt dreierlei Arten Leser: Eine, die ohne Urteil genießt, eine dritte, die ohne zu genießen urteilt, die mittlere die genießend urteilt und urteilend genießt; diese reproduziert eigentlich ein Kunstwerk auf's neue.
(An J. F. Rochlitz, Weimar, 13. Juni 1819)

Das beste Urteil ist dasjenige, das man nach einigen Jahren selbst über seine Produktionen fällt, wenn man sich durch weitere Ausbildung über selbige erhoben hat.
(An Ch. F. G. Teuscher, Weimar, 28. Januar 1816)

Der junge Schopenhauer hat sich mir als einen merkwürdigen und interessanten jungen Mann dargestellt ... Er ist mit einem gewissen scharfsinnigen Eigensinn beschäftigt ein Paroli und Sixleva in das Kartenspiel unserer neuen Philosophie zu bringen. Man muß abwarten, ob ihn die Herren vom Metier in ihrer Gilde passieren lassen; ich finde ihn geistreich und das Übrige lasse ich dahin gestellt.
(An Knebel, Weimar, 24. November 1813)

Idee und Erfahrung werden in der Mitte nie zusammentreffen, zu vereinigen sind sie nur durch Kunst und Tat. ... Lassen Sie mich von Zeit zu Zeit wissen, womit Sie sich beschäftigen und Sie werden mich immer teilnehmend finden, denn ob ich gleich zu alt bin, mir die Ansichten anderer anzueignen, so mag ich doch sehr gern, insofern es nur

immer möglich ist, mich geschichtlich unterrichten, wie
sie gedacht haben und wie sie denken.
(An Schopenhauer, Weimar, 28. Januar 1816)

Die Bildung nämlich unserer Zeit steht so hoch, daß weder die Wissenschaft der Kunst, noch diese jener entbehren kann. Seit Winckelmanns und seiner Nachfolger Bemühungen ist Philologie ohne Kunstbegriff nur einäugig.
(An J. A. Sack, Weimar, 15. Januar 1816)

Wie doch, betrügerischer Wicht,
Verträgst du dich mit allen?«
Ich leugne die Talente nicht,
Wenn sie mir auch mißfallen. (I, 324)

Wornach soll man am Ende trachten?
Die Welt zu kennen und sie nicht verachten. (I, 314)

Ich weiß, daß mir nichts angehört
Als der Gedanke, der ungestört
Aus meiner Seele will fließen,
Und jeder günstige Augenblick,
Den mich ein liebendes Geschick
Von Grund aus läßt genießen. (I, 307)

Wie hast du's denn so weit gebracht?
Sie sagen, du habest es gut vollbracht!« –
Mein Kind! ich hab' es klug gemacht,
Ich habe nie über das Denken gedacht. (I, 329)

FORSCHEN, VERSUCHEN, ENTDECKEN

Das schönste Glück des denkenden Menschen ist, das Erforschliche erforscht zu haben und das Unerforschliche ruhig zu verehren. (XII, 467)

Die Menschen verdrießt's, daß das Wahre so einfach ist; sie sollten bedenken, daß sie noch Mühe genug haben, es praktisch zu ihrem Nutzen anzuwenden. (XII, 406)

Gott erhalt' unsre Sinnen, und bewahr uns vor der Theorie der Sinnlichkeit, und gebe jedem Anfänger einen rechten Meister! (XII, 20)

Wenn ein Wissen reif ist, Wissenschaft zu werden, so muß notwendig eine Krise entstehen; denn es wird die Differenz offenbar zwischen denen, die das Einzelne trennen und getrennt darstellen, und solchen, die das Allgemeine im Auge haben und gern das Besondere an- und einfügen möchten. ...
Diejenigen, welche ich die *Universalisten* nennen möchte, sind überzeugt und stellen sich vor: daß alles überall, obgleich mit unendlichen Abweichungen und Mannigfaltigkeiten, vorhanden und vielleicht auch zu finden sei; die andern, die ich *Singularisten* benennen will, gestehen

den Hauptpunkt im allgemeinen zu, ja sie beobachten, bestimmen und lehren hiernach; aber immer wollen sie Ausnahmen finden da, wo der ganze Typus nicht ausgesprochen ist, und darin haben sie recht. Ihr Fehler aber ist nur, daß sie die Grundgestalt verkennen, wo sie sich verhüllt, und leugnen, wenn sie sich verbirgt. (XII, 420)

Sagen Sie mir ja von Zeit zu Zeit etwas von Ihren Erfahrungen und seien Sie meiner lebhaften Teilnahme gewiß. Da Ihre Beobachtungen vom *Element*, die meinigen von der *Gestalt* ausgehen, so können wir nicht genug eilen, uns in der Mitte zu begegnen.
(An A. v. Humboldt, Weimar, 18. Juni 1795)

Die Phänomene müssen ein für allemal aus der düstern empirisch-mechanisch-dogmatischen Marterkammer vor die Jury des gemeinen Menschenverstandes gebracht werden. (XII, 449)

Einem Gelehrten von Profession traue ich zu daß er seine fünf Sinnen ableugnet. Es ist ihnen selten um den lebendigen Begriff der Sache zu tun, sondern um das was man davon gesagt hat.
(An Merck, Weimar, 8. April 1785)

Alles, was wir Erfinden, Entdecken im höheren Sinne nennen, ist die bedeutende Ausübung, Betätigung eines originalen Wahrheitsgefühles, das, im stillen längst ausgebildet, unversehens, mit Blitzesschnelle zu einer fruchtbaren Erkenntnis führt. Es ist ... eine Synthese von Welt und

Geist, welche von der ewigen Harmonie des Daseins die seligste Versicherung gibt. (XII, 414)

Was heißt auch erfinden, und wer kann sagen, daß er dies oder jenes erfunden habe? Wie es denn überhaupt, auf Priorität zu pochen, wahre Narrheit ist; denn es ist nur bewußtloser Dünkel, wenn man sich nicht redlich als Plagiarier bekennen will. (XII, 415)

Es gibt eine zarte Empirie, die sich mit dem Gegenstand innigst identisch macht und dadurch zur eigentlichen Theorie wird. Diese Steigerung des geistigen Vermögens aber gehört einer hochgebildeten Zeit an. (XII, 435)

Hypothesen sind Wiegenlieder, womit der Lehrer seine Schüler einlullt; der denkende treue Beobachter ... sieht: je weiter sich das Wissen ausbreitet, desto mehr Probleme kommen zum Vorschein. (XII, 441)

Aufschluß erwarten Sie nicht; der Welt- und Menschengeschichte gleich, enthüllt das zuletzt aufgelöste Problem immer wieder ein neues aufzulösendes.
(An C. F. v. Reinhard, Weimar, 7. September 1831)

Sie haben mir durch Übersendung des Elephanten-Schädels ein großes Vergnügen gemacht. Er ist glücklich angelangt, und ich ... möchte ihn gar gerne mit einem großen Schädel, den wir besitzen, und mit andern Tierschädeln vergleichen, besonders da meine Hoffnung, die meisten Suturen und Harmonien unverwachsen zu finden, glücklich eingetroffen ist. Wie sehr mich diese Wissenschaft, der ich im eigentlichen Sinne nur Minuten widmen kann, anzieht, werden Sie leicht fühlen, da Sie sich ihr ganz gewidmet haben. ... In Weimar haben wir einen Ballon auf Montgolfierische Art steigen lassen ...

(An S. Th. v. Sömmering, Eisenach, 9. Juni 1784)

Am meisten freut mich jetzo das Pflanzenwesen, das mich verfolgt ... Es zwingt sich mir alles auf ... und das ungeheure Reich simplifiziert sich mir in der Seele, daß ich bald die schwerste Aufgabe gleich weglesen kann. ...
Und es ist kein Traum keine Phantasie; es ist ein Gewahrwerden der wesentlichen Form, mit der die Natur gleichsam nur immer spielt und spielend das mannigfaltige Leben hervorbringt. Hätt ich Zeit in dem kurzem Lebensraum; so getraut ich mich es auf alle Reiche der Natur – auf ihr ganzes Reich – auszudehnen.
Nun lebe wohl du Geliebteste einzige, der sich meine ganze Seele enthüllen und hingeben mag ...

(An Frau von Stein, Weimar, 9. Juli 1786)

Der Mensch an sich selbst, insofern er sich seiner gesunden Sinne bedient, ist der größte und genaueste physikalische Apparat den es geben kann, und das ist eben das größte Unheil der neuern Physik, daß man die Experimente gleichsam vom Menschen abgesondert hat und bloß in dem, was künstliche Instrumente zeigen, die Natur erkennen, ja, was sie leisten kann, dadurch beschränken und beweisen will. (XII, 458)

Ich denke immer, wenn ich einen Druckfehler sehe, es sei etwas Neues erfunden. (XII 511)

Dilettantismus, ernstlich behandelt, und Wissenschaft, mechanisch betrieben, werden Pedanterei. (XII, 482)

Man erkundige sich ums Phänomen ... und lasse das Problem ruhig liegen. (XII, 422)

Jede große Idee, die als ein Evangelium in die Welt tritt, wird dem stockenden pedantischen Volke ein Ärgernis und einem Viel- aber Leichtgebildeten eine Torheit. (XII, 381)

Das Genie mit Großsinn sucht seinem Jahrhundert vorzueilen; das Talent aus Eigensinn möchte es oft zurückhalten. (XII, 472)

Das Wahre ist gottähnlich: es erscheint nicht unmittelbar, wir müssen es aus seinen Manifestationen erraten. (XII, 366)

Wir haben uns seit einer langen Zeit gewöhnt, unsern Blick nur nach Westen zu richten, und alle Gefahr von dorther zu erwarten; aber die Erde dehnt sich auch noch weithin nach Morgen aus. (Bericht von H. Luden, 13. Dezember 1813)

Wenn ich das neuste Vorschreiten der Naturwissenschaften betrachte, so komm ich mir vor wie ein Wandrer, der in der Morgendämmerung gegen Osten ging, das heranwachsende Licht mit Freuden anschaute und die Erscheinung des großen Feuerballens mit Sehnsucht erwartete, aber doch bei dem Hervortreten desselben die Augen wegwenden mußte ...

(An C. G. Carus und E. J. d'Alton, Weimar, 7. Januar 1826)

Nun ... beglücken Sie nach dreihundert Naturforschern auch mich, als einen, der in Liebe und Leidenschaft zu diesen ewig lebenden Gegenständen niemandem nachstehen möchte. (An K. Ph. v. Martius, Weimar, 28. März 1828)

FAUST: ... Geheimnisvoll am lichten Tag
Läßt sich Natur des Schleiers nicht berauben,
Und was sie deinem Geist nicht offenbaren mag,
Das zwingst du ihr nicht ab mit Hebeln und mit
                    Schrauben. (III, 28)

MEPHISTOPHELES:
Versinke denn! Ich könnt' auch sagen: steige!
's ist einerlei. Entfliehe dem Entstandnen ...
Ein glühnder Dreifuß tut dir endlich kund,
Du seist im tiefsten, allertiefsten Grund.
Bei seinem Schein wirst du die Mütter sehn,
Die einen sitzen, andre stehn und gehn,
Wie's eben kommt. Gestaltung, Umgestaltung,
Des ewigen Sinnes ewige Unterhaltung. (III, 193)

ERKENNEN UND WISSEN

Die Erscheinung ist vom Beobachter nicht losgelöst, vielmehr in die Individualität desselben verschlungen und verwickelt. (XII, 435)

Unwissende werfen Fragen auf, welche von Wissenden vor tausend Jahren schon beantwortet sind. (XII, 415)

Höchst reizend ist für den Geschichtsforscher der Punkt, wo Geschichte und Sage zusammengrenzen. (XII, 393)

Der Konflikt des Individuums mit der unmittelbaren Erfahrung und der mittelbaren Überlieferung ist eigentlich die Geschichte der Wissenschaften ... (XII, 391)

Große Talente sind selten, und selten ist es, daß sie sich selbst erkennen ... (XII, 516)

Eigentlich weiß man nur, wenn man wenig weiß; mit dem Wissen wächst der Zweifel. (XII, 466)

Das Wahre ist eine Fackel, aber eine ungeheure; deswegen suchen wir alle nur blinzend so daran vorbei zu kommen, in Furcht sogar, uns zu verbrennen. (XII, 406)

Einen Regenbogen, der eine Viertelstunde steht, sieht man nicht mehr an. (XII, 547)

Die Natur verstummt auf der Folter; ihre treue Antwort auf redliche Frage ist: Ja! ja! Nein! nein! Alles übrige ist vom Übel. (XII, 434)

Ein beschränkter, ehrlicher Mensch sieht oft die Schelmerei der feinsten Mächler (faiseurs) durch und durch. (XII, 545)

Der Irrtum wiederholt sich immerfort in der Tat, deswegen muß man das Wahre unermüdlich in Worten wiederholen. (XII, 409)

Das Erste und Letzte, was vom Genie gefordert wird, ist Wahrheitsliebe. (XII, 472)

Die Wissenschaft wird dadurch sehr zurückgehalten, daß man sich abgibt mit dem, was nicht wissenswert, und mit dem, was nicht wißbar ist. (XII, 425)

Die Geschichte der Wissenschaften ist eine große Fuge, in der die Stimmen der Völker nach und nach zum Vorschein kommen. (XII, 418)

Das Höchste wäre: zu begreifen, daß alles Faktische schon Theorie ist ... Man suche nur nichts hinter den Phänomenen: sie selbst sind die Lehre. (XII, 432)

Gehalt ohne Methode führt zur Schwärmerei; Methode ohne Gehalt zum leeren Klügeln; Stoff ohne Form zum beschwerlichen Wissen, Form ohne Stoff zu einem hohlen Wähnen. (XII, 425)

Um zu begreifen, daß der Himmel überall blau ist, braucht man nicht um die Welt zu reisen. (XII, 547)

In den Wissenschaften ist viel Gewisses, sobald man sich von den Ausnahmen nicht irremachen läßt und die Probleme zu ehren weiß. (XII, 421)

Es ist vieles wahr, was sich nicht berechnen läßt ... (XII, 458)

Was ist an der Mathematik exakt als die Exaktheit? (XII, 455)

Die Mathematik vermag kein Vorurteil wegzuheben, sie kann den Eigensinn nicht lindern, den Parteigeist nicht beschwichtigen, nichts von allem Sittlichen vermag sie. (XII, 455)

Die Mathematiker sind eine Art Franzosen; redet man zu ihnen, so übersetzen sie es in ihre Sprache, und dann ist es alsobald ganz etwas anders. (XII, 455)

Der Mathematiker ist angewiesen aufs Quantitative ... also gewissermaßen auf das äußerlich erkennbare Universum. Betrachten wir aber dieses, insofern uns Fähigkeit gegeben ist, mit vollem Geiste und aus allen Kräften, so erkennen wir, daß Quantität und *Qualität* als die zwei Pole des erscheinenden Daseins gelten müssen; daher denn auch der Mathematiker seine Formelsprache so hoch steigert, um, insofern es möglich, in der meßbaren und zählbaren Welt die unmeßbare mitzubegreifen. Nun erscheint ihm alles greifbar, faßlich und mechanisch, und er kommt in den Verdacht eines heimlichen Atheismus, indem er ja das Unmeßbarste, welches wir Gott nennen, zugleich mitzuerfassen glaubt und daher dessen besonderes oder vorzügliches Dasein aufzugeben scheint. (XII, 453f.)

Wir gestehen lieber unsre moralischen Irrtümer, Fehler und Gebrechen als unsre wissenschaftlichen. (XII, 429)

Wissenschaften entfernen sich im ganzen immer vom Leben und kehren nur durch einen Umweg wieder dahin zurück. (XII, 430)

Wir würden unser Wissen nicht für Stückwerk erklären, wenn wir nicht einen Begriff von einem Ganzen hätten. (XII, 407)

Nun aber da ich Sie an die nächste Wirklichkeit hinweise, welche fast unwert schiene von Ihnen nachgebildet zu werden, so sag ich noch: daß der Geist des Wirklichen eigentlich das wahre Ideelle ist. Das unmittelbar sichtlich Sinnliche dürfen wir nicht verschmähen, sonst fahren wir ohne Ballast.

(An L. G. v. Grusdorf, Weimar, 30. März 1827)

Es gibt jetzt eine böse Art, in den Wissenschaften abstrus zu sein: man entfernt sich vom gemeinen Sinne, ohne einen höhern aufzuschließen, transzendiert, phantasiert, fürchtet lebendiges Anschauen, und wenn man zuletzt ins Praktische will und muß, wird man auf einmal atomistisch und mechanisch. (XII, 444)

Natur und Kunst sind zu groß um auf Zwecke auszugehen, und haben's auch nicht nötig, denn Bezüge gibt's überall und Bezüge sind das Leben.
(An Zelter, Weimar, 29. Januar 1830)

Darf ich mich, mein Verehrtester, in altem Zutrauen ausdrücken, so gesteh ich gern daß in meinen hohen Jahren mir alles mehr und mehr historisch wird: ob etwas in der vergangenen Zeit, in fernen Reichen oder mir ganz nah räumlich im Augenblicke vorgeht, ist ganz eins, ja ich erscheine mir selbst immer mehr und mehr geschichtlich …
(An W. v. Humboldt, Weimar, 1. Dezember 1831)

Ihr sucht die Menschen zu benennen
Und glaubt am Namen sie zu kennen.
Wer tiefer sieht, gesteht sich frei:
Es ist was Anonymes dabei. (I, 309)

Ihrer viele wissen viel,
Von der Weisheit sind sie weit entfernt.
Andre Leute sind euch ein Spiel;
Sich selbst hat niemand ausgelernt. (I, 328)

WAGNER: Allein die Welt! des Menschen Herz und Geist!
Möcht' jeglicher doch was davon erkennen.
FAUST: Ja, was man so erkennen heißt!
Wer darf das Kind beim rechten Namen nennen?
Die wenigen, die was davon erkannt,
Die töricht gnug ihr volles Herz nicht wahrten,
Dem Pöbel ihr Gefühl, ihr Schauen offenbarten,
Hat man von je gekreuzigt und verbrannt. (III, 26)

Wer nicht von dreitausend Jahren
Sich weiß Rechenschaft zu geben,
Bleib im Dunkeln unerfahren,
Mag von Tag zu Tage leben. (II, 49)

MITTEILEN, SCHREIBEN, DICHTEN

Merke dies: schreibe nur wie du reden würdest, und so
wirst du einen guten Brief schreiben.
(An seine Schwester Cornelia, Leipzig, 17. Dezember 1765)

Bilde, Künstler! Rede nicht!
Nur ein Hauch sei dein Gedicht. (I, 325)

Neuere Poeten tun viel Wasser in die Tinte. (VIII, 481)

Literatur ist das Fragment der Fragmente; das wenigste
dessen, was geschah und gesprochen worden, ward geschrieben, vom Geschriebenen ist das wenigste übrig geblieben. (XII, 494)

Ein ausgesprochenes Wort tritt in den Kreis der übrigen,
notwendig wirkenden Naturkräfte mit ein. (XII, 423)

Wer vor andern lange allein spricht, ohne den Zuhörern
zu schmeicheln, erregt Widerwillen. (XII, 527)

Die Deutschen der neueren Zeit haben nichts anders für
Denk- und Preßfreiheit gehalten, als daß sie sich einander
öffentlich mißachten dürfen. (XII, 386)

Jedes ausgesprochene Wort erregt den Gegensinn. (XII, 528)

Man tut immer besser, daß man sich grad ausspricht, wie man denkt, ohne viel beweisen zu wollen; denn alle Beweise, die wir vorbringen, sind doch nur Variationen unserer Meinungen, und die Widriggesinnten hören weder auf das eine noch auf das andere. (XII, 464)

Bei meinem Alter und meiner Sinnesart kenne ich nur Worte und Tat, wodurch der Mensch sich dem Menschen offenbaren kann. Das sogenannte beredte Schweigen habe ich schon lange der lieben und verliebten Jugend anheim gestellt. (An Barbara Schulthess, [Schweiz], September 1797)

Man merke nur auf ein geselliges Gespräch! Gelangt das Wort nicht schon tot zu dem Hörer, so ermordet er es alsogleich durch Widerspruch, Bestimmen, Bedingen, Ablenken, Abspringen, und wie die tausendfältigen Unarten des Unterhaltens auch heißen mögen. Mit dem Geschriebenen ist es noch schlimmer. Niemand mag lesen als das, woran er schon einigermaßen gewöhnt ist; das Bekannte, das Gewohnte verlangt er unter veränderter Form. Doch hat das Geschriebene den Vorteil, daß es dauert und die Zeit abwarten kann, wo ihm zu wirken gegönnt ist. (XII, 511f.)

Ich schrieb meinen Götz von Berlichingen ... als junger Mensch von zwei und zwanzig, und erstaunte zehn Jahre später über die Wahrheit meiner Darstellung. ... Ja ich möchte sagen: hätte ich mit Darstellung der Welt so lange gewartet, bis ich sie kannte, so wäre meine Darstellung Persiflage geworden.

(Eckermann, 26. Februar 1824)

Hier lieber Bruder die Iphigenia. ...
Ich habe mich an dem Stücke so müde gearbeitet. ... Macht damit was ihr wollt, dann laß es abschreiben ... und verzeih der Plage. Ich bin selbst ein geplagter Fremdling, den nicht die Furien, den die Musen und Grazien und die ganze Macht der seligen Götter mit Erscheinungen überdecken. ...
Ich Wandrer raffe auf was ich kann.

(An Herder, Rom, 13. Januar 1787)

Wie sehr freut es mich daß du den Tasso magst. ... Dein Beifall ist mir reiche Belohnung für die unerlaubte Sorgfalt mit der ich dies Stück gearbeitet habe. Nun sind wir frei von aller Leidenschaft solch eine konsequente Komposition zu unternehmen. Die Fragmenten Art erotischer Späße behagt mir besser.

(An Herder, Ruhla, 10. August 1789)

Ich muß mich nun die erste Zeit recht zusammenhalten bis mein letzter Gesang auch aus seiner Puppe ausgekrochen ist und ihm die Flügel gewachsen sind, dann hoffe ich wieder eine Zeit lang will's Gott als ein freier Mensch zu leben.

(An Knebel, Jena, 2. März 1797)

Ich habe [mit Hermann und Dorothea] das reine Menschliche der Existenz einer kleinen deutschen Stadt in dem epischen Tiegel von seinen Schlacken abzuscheiden gesucht, und zugleich die großen Bewegungen und Veränderungen des Welttheaters aus einem kleinen Spiegel zurück zu werfen getrachtet. Die Zeit der Handlung ist ohngefähr im vergangenen August und ich habe die Kühnheit meines Unternehmens nicht eher wahrgenommen, als bis das Schwerste schon überstanden war.

(An J. H. Meyer, Weimar, 5. Dezember 1796)

Ich habe eine Menge von Dingen, die ich immer so vor mir hinwälze, wie Sie wissen, und wovon denn so eins nach dem andern, wie es Zeit und Stimmung erlauben, vollbracht wird. Auch auf der Reise habe ich wieder manches neue konzipiert, das denn auch zu seiner Zeit reif werden mag. Erhalten Sie meinen Arbeiten Ihren Anteil.

(An W. v. Humboldt, Weimar, 7. Februar 1798)

Besonders in den letzten zwanzig Jahren mußte man große Geduld haben: denn mehrere meiner spätern Arbeiten brauchten zehn und mehr Jahre, bis sie sich ein größeres Publikum unmerklich erschmeichelten … Was aber den wahren Erfolg betrifft, gegen den bin ich nicht im mindesten gleichgültig; vielmehr ist der Glaube an denselben immer mein Leitstern bei allen meinen Arbeiten.

(An J. F. Rochlitz, Weimar, 30. Januar 1812)

Die Wahlverwandtschaften schickte ich eigentlich als ein Zirkular an meine Freunde … Ich weiß zu wem ich eigentlich gesprochen habe, und wo ich nicht mißverstanden

werde. ... Das Publikum, besonders das deutsche, ist eine närrische Karikatur des *dêmos*; es bildet sich wirklich ein, eine Art von Instanz, von Senat auszumachen, und im Leben und Lesen dieses oder jenes wegvotieren zu können was ihm nicht gefällt. Dagegen ist kein Mittel als ein stilles Ausharren. ... Das Gedichtete behauptet sein Recht, wie das Geschehene.
(An Reinhardt, Weimar, 31. Dezember 1809)

Riemer ist sehr brav. Wir lesen jetzt, eine neue Ausgabe vorbereitend, Wilhelm Meister zusammen. Da ich dieses Werklein, so wie meine übrigen Sachen, als Nachtwandler geschrieben, so sind mir seine Bemerkungen über meinen Stil höchst lehrreich und anmutig. Verändert wird übrigens nichts ... (An Knebel, Weimar, 16. März 1814)

Mit Briefantworten muß man nolens volens Bankerott machen und nur unter der Hand diesen oder jenen Kreditor befriedigen. Meine Maxime ist: wenn ich sehe, daß die Leute bloß *ihretwegen* an mich schreiben, etwas für ihr Individuum damit bezwecken, so geht mich das nichts an; schreiben sie aber *meinetwegen*, senden sie etwas *mich* Förderndes, Angehendes, dann muß ich antworten.
(Bericht von Kanzler Müller, 24. April 1830)

Der Rhythmus hat etwas Zauberisches, sogar macht er uns glauben, das Erhabene gehöre uns an. (XII, 474)

Alles Lyrische muß im Ganzen sehr vernünftig, im Einzelnen ein bißchen unvernünftig sein. (XII, 498)

Ich habe in meiner Poesie nie affektiert. – Was ich nicht lebte und was mir nicht auf die Nägel brannte und zu schaffen machte, habe ich auch nicht gedichtet und ausgesprochen. (Eckermann, 14. März 1830)

Bei Hegel ist mir der Gedanke gekommen: ob man ihm nicht, durch das Technische der Redekunst, einen großen Vorteil schaffen könnte. Es ist ein ganz vortrefflicher Mensch; aber es steht seinen Äußerungen gar zu viel entgegen. (An Schiller, Jena, 27. November 1803)

Die Gabe der Dichtkunst hat das Eigne besonders darin, daß sie den Besitzer nötigt, sich selbst zu enthüllen. Dichterische Äußerungen sind unwillkürliche Bekenntnisse, in welchen unser Innres sich aufschließt und zugleich unsre Verhältnisse nach außen sich ergeben.
(An König Ludwig I. v. Bayern, Weimar, 14. April 1829)

Wer die deutsche Sprache versteht und studiert befindet sich auf dem Markte wo alle Nationen ihre Waren anbieten, er spielt den Dolmetscher indem er sich selbst bereichert. (An Carlyle, Weimar, 20. Juli 1827)

Wir sprangen über auf die Wahlverwandtschaften, auf die Wanderjahre. Er begriffe wohl, sagte er, daß den Lesern vieles rätselhaft, daß sie sich nach einem zweiten Teile sehnten; aber da ja Wilhelm so vieles schon in den *Lehrjahren* gelernt, so müsse er auf der *Wanderschaft* desto mehr Fremdes an sich vorübergehen lassen …

Es sei ja alles nur symbolisch zu nehmen und steckte überall noch etwas anderes dahinter. Jede Lösung eines Problems sei ein *neues* Problem.
(Bericht von Kanzler v. Müller, 8. Juni 1821)

Hier kommen also die Wanderjahre angezogen; ich hoffe, sie sollen bei näherer Betrachtung gewinnen; denn ich kann mich rühmen, daß keine Zeile drinnen steht, die nicht gefühlt oder gedacht wäre.
(An Zelter, Jena, 19. Oktober 1821)

Meine Heiterkeit bewahre ich mir hauptsächlich für die biographischen Stunden, damit sich in die Reflexionen, die doch einmal angestellt werden sollen, nichts Trübes und Unreines mische. (An Zelter, 12. Dezember 1812)

Goethe stand am Schreibpult im langen offenen Hausrock, einen Haufen alter Schriften vor sich; er bemerkte mich nicht, ich sagte schüchtern: ›Guten Abend!‹ Er drehte den Kopf, sah mich groß an, räusperte sich – das deutliche Zeichen unterdrückten Zorns. ... »Was will das Frauenzimmerchen?« brummte er. »... Glaubt Sie, kleines Mädchen, daß ich zu jedem laufe, der wartet? Was würde dann aus dem da?« und damit zeigt er auf die offenen Bogen; »wenn ich tot bin, macht's keiner. Sagen Sie das droben der Sippschaft. Guten Abend.« Ich ... sagte leise »Guten Abend« doch ... Goethe rief mich zurück ... und sprach mit ganz verändertem Tonfall: »Ein Greis, der noch arbeiten will, darf nicht jedem zu Gefallen sei-

nen Willen umstimmen; tut er's, so wird er der Nachwelt gar nicht gefallen. ...«
(Bericht von J. v. Pappenheim, 9. Oktober 1828)

Es ist ein großer Unterschied, ob der Dichter zum Allgemeinen das Besondere sucht oder im Besondern das Allgemeine schaut. Aus jener Art entsteht Allegorie, wo das
Besondere nur als Beispiel, als Exempel des Allgemeinen
gilt; die letztere aber ist eigentlich die Natur der Poesie, sie
spricht ein Besonderes aus, ohne ans Allgemeine zu denken oder darauf hinzuweisen. Wer nun dieses Besondere
lebendig faßt, erhält zugleich das Allgemeine mit, ohne es
gewahr zu werden, oder erst spät. (XII, 471)

Gedichte sind gemalte Fensterscheiben!
Sieht man vom Markt in die Kirche hinein,
Da ist alles dunkel und düster;
Und so sieht's auch der Herr Philister ...

Kommt aber nur einmal herein!
Begrüßt die heilige Kapelle;
Da ist's auf einmal farbig helle ... (I, 326)

Ihr naht euch wieder, schwankende Gestalten,
Die früh sich einst dem trüben Blick gezeigt.
Versuch' ich wohl, euch diesmal festzuhalten?
Fühl' ich mein Herz noch jenem Wahn geneigt?
Ihr drängt euch zu! nun gut, so mögt ihr walten,
Wie ihr aus Dunst und Nebel um mich steigt;

Mein Busen fühlt sich jugendlich erschüttert
Vom Zauberhauch, der euren Zug umwittert. (III, 9)

DICHTER: Was glänzt, ist für den Augenblick geboren,
Das Echte bleibt der Nachwelt unverloren. (III, 11)

DIREKTOR: Und seht nur hin, für wen Ihr schreibt!
Wenn diesen Langeweile treibt,
Kommt jener satt vom übertischten Mahle,
Und, was das Allerschlimmste bleibt,
Gar mancher kommt vom Lesen der Journale.
Man eilt zerstreut zu uns, wie zu den Maskenfesten,
Und Neugier nur beflügelt jeden Schritt;
Die Damen geben sich und ihren Putz zum besten
Und spielen ohne Gage mit. (III, 12)

LUSTIGE PERSON: Laßt uns auch so ein Schauspiel geben!
Greift nur hinein ins volle Menschenleben!
Ein jeder lebt's, nicht vielen ist's bekannt,
Und wo ihr's packt, da ist's interessant.
In bunten Bildern wenig Klarheit,
Viel Irrtum und ein Fünkchen Wahrheit,
So wird der beste Trank gebraut,
Der alle Welt erquickt und auferbaut. (III, 13)

DICHTER: Ich hatte nichts und doch genug:
Den Drang nach Wahrheit und die Lust am Trug. (III, 14)

DIREKTOR: Der Worte sind genug gewechselt,

Laßt mich auch endlich Taten sehn! ...
Gebt ihr euch einmal für Poeten,
So kommandiert die Poesie. (III, 14f.)

Es sind über sechzig Jahre, daß die Konzeption des Faust
bei mir jugendlich von vorne herein klar ... vorlag. Nun
hab ich die Absicht immer sachte neben mir hergehen
lassen, und nur die mir gerade interessantesten Stellen einzeln durchgearbeitet, so daß im zweiten Teil Lücken blieben ... Hier trat nun freilich die große Schwierigkeit ein,
dasjenige durch Vorsatz und Charakter zu erreichen, was
eigenlich der freiwillig tätigen Natur allein zukommen
sollte. Es wäre aber nicht gut, wenn es nicht auch nach
einem so langen, tätig nachdenkenden Leben möglich
geworden wäre ...
Ganz ohne Frage würd es mir unendliche Freude machen,
meinen ... Freunden auch bei Lebzeiten diese sehr ern-
sten Scherze zu widmen, mitzuteilen und ihre Erwide-
rung zu vernehmen. Der Tag aber ist wirklich so absurd
und konfus, daß ich mich überzeuge, meine redlichen, lange
verfolgten Bemühungen um dieses seltsame Gebäu würden schlecht belohnt und an den Strand getrieben, wie ein
Wrack in Trümmern daliegen und von dem Dünenschutt
der Stunden zunächst überschüttet werden.
(An W. v. Humboldt, Weimar 17. März 1832)

Nehmt nur mein Leben hin in Bausch
Und Bogen, wie ich's führe;

Andre verschlafen ihren Rausch,
Meiner steht auf dem Papiere (I, 322)

Tut ein Schilf sich doch hervor,
Welten zu versüßen!
Möge meinem Schreibe-Rohr
Liebliches entfließen! (II, 19)

Wisset nur, daß Dichterworte
Um des Paradieses Pforte
Immer leise klopfend schweben,
Sich erbittend ew'ges Leben. (II, 8)

SCHAFFEN, GESTALTEN, MEISTERN

Was im Leben uns verdrießt,
Man im Bilde gern genießt. (I, 327)

Man weicht der Welt nicht sicherer aus als durch die Kunst,
und man verknüpft sich nicht sicherer mit ihr als durch die
Kunst. (XII, 469)

Drein greifen, packen ist das Wesen jeder Meisterschaft.
Ihr habt das der Bildhauerei vindiziert, und ich finde, daß
jeder Künstler, so lange seine Hände nicht plastisch arbeiten, nichts ist. (An Herder, Wetzlar, Mitte Juli 1772)

Sieh Lieber, was doch alles Schreibens Anfang und Ende
ist, die Reproduktion der Welt um mich, durch die innre
Welt die alles packt, verbindet, neuschafft, knetet und in
eigner Form, Manier, wieder hinstellt, das bleibt ewig
Geheimnis Gott sei Dank, das ich auch nicht offenbaren
will den Gaffern und Schwätzern.
(An F. H. Jacobi, Frankfurt, 21. August 1774)

Kein Mensch will begreifen, daß die höchste und einzige
Operation der Natur und Kunst die Gestaltung sei, und in
der Gestalt die Spezifikation, damit jedes ein besonderes

bedeutendes werde, sei und bleibe. Es ist keine Kunst sein Talent nach individueller Bequemlichkeit humoristisch walten zu lassen ... wie wir davon die schrecklichsten Beispiele an Jean Paul ... erleben müssen.
(An Zelter, Weimar, 30. Oktober 1808)

Die Meisterschaft gilt oft für Egoismus. (XII, 479)

Jede Kunst verlangt den ganzen Menschen, der höchstmögliche Grad derselben die ganze Menschheit. (XII, 54)

Überhaupt, mich läßt ein jeder Kunstgegenstand ganz unparteiisch, nur Sinn und Absicht schwebt mir vor, mit der Frage: ob jener der rechte, und ob diese erreicht werde.
(An Boisserée, Jena, 1. September 1820)

In jedem Künstler liegt ein Keim von Verwegenheit, ohne den kein Talent denkbar ist, und dieser wird besonders rege, wenn man den Fähigen einschränken und zu einseitigen Zwecken dingen und brauchen will. (XII, 484)

Ich bin in einer prächtigen Wohnung, wie ich sie in Karlsbad gehabt, sogleich faul und untätig. Geringe Wohnung dagegen, wie dieses schlechte Zimmer worin wir sind, ein wenig unordentlich ordentlich, ein wenig zigeunerhaft, ist für mich das Rechte; es läßt meiner innern Natur volle Freiheit, tätig zu sein und aus mir selber zu schaffen.
(Eckermann, 23. März 1829)

Die Kunst beschäftigt sich mit dem Schweren und Guten. (XII, 469)

Der Humor ist eins der Elemente des Genies, aber sobald er vorwaltet, nur ein Surrogat desselben; er begleitet die abnehmende Kunst, zerstört, vernichtet sie zuletzt. (XII, 472)

Die Phantasie ist die vierte Hauptkraft unsers geistigen Wesens, sie suppliert die Sinnlichkeit, unter der Form des Gedächtnisses, sie legt dem Verstand die Welt-Anschauung vor, unter der Form der Erfahrung, sie bildet oder findet Gestalten zu den Vernunftideen und belebt also die sämtliche Menscheneinheit, welche ohne sie in öde Untüchtigkeit versinken müßte.
(An Erzherzogin Maria Pawlowna, Weimar, 3. Januar 1817)

Wie ganz anders muß zu Eycks Zeit ... das Kunstleben und die Kunstliebe geblüht haben; jetzt verschlingt der schlechte Luxus alles.
(Bericht von J. B. Bertram, Herbst 1814)

Man muß bedenken, daß unter den Menschen gar viele sind, die doch auch etwas Bedeutendes sagen wollen, ohne produktiv zu sein, und da kommen die wunderlichsten Dinge an den Tag. (XII, 524)

Das *Was* des Kunstwerks interessiert die Menschen mehr als das *Wie*; jenes können sie einzeln ergreifen, dieses im Ganzen nicht fassen. (XII, 471)

Es ist nichts fürchterlicher als Einbildungskraft ohne Geschmack. (XII, 506)

Das Manierierte ist ein verfehltes Ideelle, ein subjektiviertes Ideelle; daher fehlt ihm das Geistreiche nicht leicht. (XII, 480)

Die Dilettanten, wenn sie das Möglichste getan haben, pflegen zu ihrer Entschuldigung zu sagen, die Arbeit sei noch nicht fertig. Freilich kann sie nie fertig werden, weil sie nie recht angefangen ward. (XII, 431)

Fehler der Dilettanten: Phantasie und Technik unmittelbar verbinden zu wollen. (XII. 481)

Die Technik im Bündnis mit dem Abgeschmackten ist die fürchterlichste Feindin der Kunst. (XII, 482)

Altes Fundament ehrt man, darf aber das Recht nicht aufgeben, irgendwo wieder einmal von vorn zu gründen. (XII, 415)

Es ist schon genug, daß Kunstliebhaber das Vollkommene übereinstimmend anerkennen und schätzen; über das Mittlere läßt sich der Streit nicht endigen. (XII, 477)

Wenn Künstler von Natur sprechen, subintelligieren sie immer die Idee, ohne sich's deutlich bewußt zu sein. (XII, 490)

... fragen wir uns die Forderungen ab, die der Geist an ein Kunstwerk macht. ... das Höhere, was in uns liegt, will erweckt sein, wir wollen verehren und uns selbst als verehrungswürdig fühlen. (XII, 83)

Goethe erzählte mir, daß Schiller mit unsäglicher Anstrengung arbeite. … Selbst an den »Briefen über den Don Karlos« im ›Teutschen Merkur‹ sähe man die Schweißtropfen hängen, die sie den Verfasser gekostet.
(Bericht von J. D. Falk an seinen Bruder, 28. Dezember 1794)

… die Weimarischen Kunstfreunde, da sie Schiller verlassen hat, sehen einer großen Einsamkeit entgegen.
Gemüt wird über Geist gesetzt, Naturell über Kunst, und so ist der Fähige wie der Unfähige gewonnen. Gemüt hat jedermann, Naturell mehrere; der Geist ist selten, die Kunst ist schwer. (XII, 129)

Da sich gar manches unserer Erfahrungen nicht rund aussprechen und direkt mitteilen läßt, so habe ich seit langem das Mittel gewählt, durch einander gegenüber gestellte und sich gleichsam in einander abspiegelnde Gebilde den geheimeren Sinn dem Aufmerkenden zu offenbaren.
(An C J. L. Iken, Weimar, 27. September 1827)

Realität in der *höchsten* Nützlichkeit (Zweckmäßigkeit) wird auch schön sein. (XII, 470)

Ein edler Philosoph sprach von der Baukunst als einer *erstarrten Musik* und mußte dagegen manches Kopfschütteln gewahr werden. Wir glauben diesen schönen Gedanken nicht besser nochmals einzuführen, als wenn wir die Architektur eine *verstummte Tonkunst* nennen. (XII, 474)

Die Form will so gut verdauet sein als der Stoff; ja sie verdaut sich viel schwerer. (XII, 471)

Eigentümlichkeit des Ausdrucks ist Anfang und Ende aller Kunst. (XII, 499)

Jüngling, merke dir, in Zeiten
Wo sich Geist und Sinn erhöht:
Daß die Muse zu begleiten,
Doch zu leiten nicht versteht. (I, 327)

LENKEN, ORDNEN, RICHTEN

Die Menge kann tüchtige Menschen nicht entbehren, und die Tüchtigen sind ihnen jederzeit zur Last. (XII, 523)

In der jetzigen Zeit soll niemand schweigen oder nachgeben; man muß reden und sich rühren, nicht um zu überwinden, sondern sich auf seinem Posten zu erhalten; ob bei der Majorität oder Minorität, ist ganz gleichgültig. (XII, 464f.)

Wenn man von den Leuten Pflichten fordert und ihnen keine Rechte zugestehen will, muß man sie gut bezahlen. (XII, 520)

Wenn man alle Gesetze studieren sollte, so hätte man gar keine Zeit, sie zu übertreten. (XII, 544)

Wenn ich von liberalen Ideen reden höre, so verwundere ich mich immer, wie die Menschen sich gern mit leeren Wortschällen hinhalten: eine Idee darf nicht liberal sein! Kräftig sei sie, tüchtig, in sich selbst abgeschlossen, damit sie den göttlichen Auftrag, produktiv zu sein, erfülle. Noch weniger darf der Begriff liberal sein; denn der hat einen ganz andern Auftrag. (XII, 384)

Dieser Feldzug [gegen die französische Revolutionsarmee] wird als eine der unglücklichsten Unternehmungen in den Jahrbüchern der Welt eine traurige Gestalt machen.

(An Ch. G. Voigt, Luxemburg, 15. Oktober 1792)

Der Kampf des Alten, Bestehenden, Beharrenden mit Entwicklung, Aus- und Umbildung ist immer derselbe. Aus aller Ordnung entsteht zuletzt Pedanterie; um diese los zu werden, zerstört man jene, und es geht eine Zeit hin, bis man gewahr wird, daß man wieder Ordnung machen müsse. Klassizismus und Romantizismus, Innungszwang und Gewerbsfreiheit, Festhalten und Zersplittern des Grundbodens: es ist immer derselbe Konflikt, der zuletzt wieder einen neuen erzeugt. Der größte Verstand des Regierenden wäre daher, diesen Kampf so zu mäßigen, daß er ohne Untergang der einen Seite sich ins Gleiche stellte; dies ist aber den Menschen nicht gegeben, und Gott scheint es auch nicht zu wollen. (XII, 383)

Alles, was unsern Geist befreit, ohne uns die Herrschaft über uns selbst zu geben, ist verderblich. (XII, 520)

Nichts ist widerwärtiger als die Majorität; denn sie besteht aus wenigen kräftigen Vorgängern, aus Schelmen, die sich akkommodieren, aus Schwachen, die sich assimilieren, und der Masse, die nachtrollt, ohne nur im mindesten zu wissen, was sie will. (XII, 382)

Bescheidenheit gehört in gute geschlossene Gesellschaft. Schon in größerer Sozietät steht das Unbescheidene immer

im Vorteil, aber Derbheit, ja Grobheit gehört in eine Volks-
versammlung, wo der Pöbel mitreden will … (XII, 465)

Es ist besser, es geschehe dir Unrecht, als die Welt sei ohne
Gesetz. Deshalb füge sich jeder dem Gesetze. (XII, 379)

Ich bitte Gott, daß er mich täglich haushälterischer wer-
den lasse um freigebig sein zu können es sei mit Geld oder
Gut, Leben oder Tod.
(An Frau von Stein, Eisenach, 10. Dezember 1781)

Mich heißt das Herz das Ende des Jahres in Sammlung zu-
bringen, ich vollende mancherlei im Tun und Lernen und
bereite mir die Folge einer stillen Tätigkeit aufs nächste Jahr
vor, und fürchte mich vor neuen Ideen die außer dem Kreise meiner Bestimmung liegen. Ich habe deren so genug und
zu viel, der Haushalt ist eng und die Seele ist unersättlich.
(An Herzog Carl August, Weimar, 6. Dezember 1784)

Je weiter man in der Welt herumkommt desto mehr sieht
man daß der Mensch zur Leibeigenschaft geboren ist. Auch
bin ich jetzt da ich meine Vaterstadt wieder besucht habe
aufs lebhafteste überzeugt worden daß dort für mich kein
Wohnens und Bleibens ist. Haben Sie die Güte von dieser
Sache und diesen Äußerungen niemanden zu sagen.
(An Ch. G. Voigt, vor Verdun, 10. September 1792)

Majestät ist das Vermögen, ohne Rücksicht auf Belohnung oder Bestrafung recht oder unrecht zu handeln.
(XII, 378)

Meine Hauptlehre aber ist vorläufig diese: Der Vater sorge für sein Haus, der Handwerker für seine Kunden, der Geistliche für gegenseitige Liebe, und die Polizei störe die Freude nicht!
(Eckermann, 20. Oktober 1830)

Herrschen lernt sich leicht, Regieren schwer. (XII, 378)

Herrschen und Genießen geht nicht zusammen. Genießen heißt, sich und andern in Fröhlichkeit angehören; herrschen heißt, sich und anderen im ernstlichsten Sinne wohltätig sein. (XII, 378)

Ew. Königl. Hoheit haben bisher den kleinen Kreis bis in's Unendliche erweitert, indem Sie in einem jeden Einzelnen der Ihrigen eine gemäße Tätigkeit zu erregen und zu begünstigen gewußt.
(An Großherzog Carl August, Weimar, 22. April 1815)

Sobald die Tyrannei aufgehoben ist, geht der Konflikt zwischen Aristokratie und Demokratie unmittelbar an.
(XII, 380)

Laßt sie singen, wenn sie nur bezahlen!« sagte Mazarin, als man ihm die Spottlieder auf eine neue Steuer vorlegte.
(XII, 383)

Ovid blieb klassisch auch im Exil: er sucht sein Unglück nicht in sich, sondern in seiner Entfernung von der Hauptstadt der Welt. (XII, 487)

Mir will das kranke Zeug nicht munden,
Autoren sollten erst gesunden. (I, 327)

Klassisch ist das Gesunde, romantisch das Kranke. (XII, 487)

Entzwei' und gebiete! Tüchtig Wort;
Verein' und leite! Beßrer Hort. (I, 330)

[Dorothea:]
»... Dienen lerne beizeiten das Weib nach ihrer
                              Bestimmung;
Denn durch Dienen allein gelangt sie endlich zum
                              Herrschen,
Zu der verdienten Gewalt, die doch ihr im Hause gehöret.
Dienet die Schwester dem Bruder doch früh, sie
                              dienet den Eltern,
Und ihr Leben ist immer ein ewiges Gehen und
                              Kommen ...
Denn als Mutter, fürwahr, bedarf sie der Tugenden alle,
Wenn der Säugling die Krankende weckt und
                              Nahrung begehret
Von der Schwachen, und so zu Schmerzen Sorgen
                              sich häufen.
Zwanzig Männer verbunden ertrügen nicht diese
                              Beschwerde,
Und sie sollen es nicht; doch sollen sie dankbar es
                              einsehn.« (II, 494)

EGMONT: Die Niederländer fürchten ein doppeltes Joch,
und wer bürgt ihnen für ihre Freiheit?

ALBA: Freiheit? Ein schönes Wort, wer's recht verstände!
Was wollen sie für Freiheit? Was ist des Freiesten Freiheit?
– Recht zu tun! – und daran wird sie der König nicht hin-
dern. (IV, 429)

EGMONT [zum Sekretär]: ... Wie von unsichtbaren Gei-
stern gepeitscht, gehen die Sonnenpferde der Zeit mit
unsers Schicksals leichtem Wagen durch; und uns bleibt
nichts, als mutig gefaßt die Zügel festzuhalten, und bald
rechts, bald links, vom Steine hier, vom Sturze da, die Räder
wegzulenken. Wohin es geht, wer weiß es? Erinnert er sich
doch kaum, woher er kam. (IV, 400f. und X, 187)

Ich bin nun ganz in alle Hof- und politische Händel verwickelt und werde fast nicht wieder weg können. Meine
Lage ist vorteilhaft genug, und die Herzogtümer Weimar
und Eisenach immer ein Schauplatz, um zu versuchen, wie
einem die Weltrolle zu Gesichte stünde. Ich übereile mich
drum nicht, und Freiheit und Gnüge werden die Haupt-
konditionen der neuen Einrichtung sein, ob ich gleich mehr
als jemals am Platz bin, das durchaus Scheißige dieser zeit-
lichen Herrlichkeit zu erkennen.
(An Merck, Weimar, 22. Januar 1776)

Liebe Kinder. Ich hab so vielerlei von Stund zu Stund das
mich herumwirft, ehmals warens meine eigne Gefühle,
jetzt sind neben denen noch die Verworrenheiten andrer
Menschen die ich tragen und zurecht legen muß. So viel
nur: ich bleibe hier, und kann da wo ich, und wie ich bin
meines Lebens genießen, und einem der edelsten Men-

schen, in mancherlei Zuständen förderlich und dienstlich sein. Der Herzog mit dem ich nun schon an die 9 Monate in der wahrsten und innigsten Seelenverbindung stehe, hat mich endlich auch an seine Geschäfte gebunden, aus unsrer Liebschaft ist eine Ehe entstanden, die Gott segne.

(An das Ehepaar Kestner, Weimar, 9. Juli 1776)

Von Geschäften bin ich eben nicht gedrückt, desto mehr geplagt von dem was den Grund aller Geschäfte macht: von den tollen Grillen, Leidenschaften und Torheiten und Schwächen und Stärken der Menschen, davon hab ich den Vorteil daß ich nicht … Zeit habe an mich selbst zu denken, und wie sich Frau Aja [seine Mutter] erinnert: daß ich unleidlich war da mich nichts plagte, so bin ich geborgen da ich geplagt werde. – Übrigens hab ich alles was ein Mensch sich wünschen kann, und bin freilich doch nicht ruhig, des Menschen Treiben ist unendlich bis er ausgetrieben hat.

(An seine Familie in Frankfurt, Weimar, 6. November 1776)

Die Kriegs-Kommission übernommen. Erste Session. Fest und ruhig in meinen Sinnen, und scharf. … Der Druck der Geschäfte ist sehr schön der Seele, wenn sie entladen ist spielt sie freier und genießt des Lebens. Elender ist nichts als der behagliche Mensch ohne Arbeit … (Tagebuch, 13. Januar 1779)

Mir ist die Oberaufsicht über alle von dem Großherzog unmittelbar ausfließende Anstalten für Wissenschaft und Kunst geworden, oder eigentlich nur geblieben. Es ist

vielleicht das wundersamste Departement in der Welt, ich habe mit neun Männern zu tun, die in einzelnen Fächern alle selbständig sind, unter sich nicht zusammenhängen und, bloß in mir vereinigt, eine ideelle Akademie bilden.
(An Boisserée, Weimar, 21. Dezember 1815)

Das Zusammentreffen des Großherzogs an seinem Jubiläums-Tage mit Goethe war der Moment, der den Gefeierten sichtbar am meisten erschütterte. Mit beiden Händen hatte der Großherzog Goethes Hände ergriffen, der vor Rührung nicht zu Worte kommen konnte und endlich nur sagte: »Bis zum letzten Hauch beisammen!«
(Bericht des Kanzlers v. Müller, 3. September 1825)

Was die *Kultur* der Natur abgenommen habe, dürfe man nicht wieder fahren lassen, um keinen Preis aufgeben. So sei auch der Begriff der Heiligkeit der Ehe eine solche Kultur-Errungenschaft des Christentums und von unschätzbarem Wert, obgleich die Ehe eigentlich unnatürlich sei.
(Bericht des Kanzlers v. Müller, 7. April 1830)

Kurz, Goethe gab zu verstehen, daß Napoleon ungefähr die Welt nach den nämlichen Grundsätzen dirigiere, wie er das Theater. (Bericht von J. D. Falk, 14. Oktober 1808)

Wer mit dem Leben spielt,
Kommt nie zurecht;
Wer sich nicht selbst befiehlt,
Bleibt immer ein Knecht. (I, 313)

Suleika
Volk und Knecht und Überwinder,
Sie gestehn, zu jeder Zeit,
Höchstes Glück der Erdenkinder
Sei nur die Persönlichkeit.

Jedes Leben sei zu führen,
Wenn man sich nicht selbst vermißt;
Alles könne man verlieren,
Wenn man bliebe, was man ist. (II, 71)

Mit einem Herren steht es gut,
Der, was er befohlen, selber tut. (I, 330)

REBELLIEREN UND BEFREIEN

Die christliche Religion ist eine intentionierte politische Revolution, die, verfehlt, nachher moralisch geworden ist. (XII, 376)

Gesetzgeber oder Revolutionärs, die Gleichsein und Freiheit zugleich versprechen, sind Phantasten oder Charlatans. (XII, 380)

Eingebildete Gleichheit: das erste Mittel, die Ungleichheit zu zeigen. (XII, 380)

Jede Revolution geht auf Naturzustand hinaus, Gesetz- und Schamlosigkeit. (Picarden, Wiedertäufer, Sansculotten.) (XII, 380)

Vor der Revolution war alles Bestreben; nachher verwandelte sich alles in Forderung. (XII, 380)

Schwache Menschen haben oft revolutionäre Gesinnungen; sie meinen, es wäre ihnen wohl, wenn sie nicht regiert würden, und fühlen nicht, daß sie weder sich noch andere regieren können. (XII, 485)

Beethoven habe ich in Teplitz kennen gelernt. Sein Talent hat mich in Erstaunen gesetzt; allein er ist leider eine ganz ungebändigte Persönlichkeit, die zwar gar nicht Unrecht hat, wenn sie die Welt detestabel findet, aber sie freilich dadurch weder für sich noch für andere genußreicher macht.
(An Zelter, Karlsbad, 2. September 1812)

Hätte der Kurfürst von der Pfalz diesem klugen Juden [Spinoza] auch völlige Lehrfreiheit in Heidelberg zugesagt, so hätte der Verfasser des *Tractatus theologico-politicus* geantwortet: Ew. Durchlaucht, das können Sie nicht, denn Lehrfreiheit gegen das Bestehende kann nur dazu führen, daß ich entweder ihren sanktionierten Zustand umwerfe, oder daß ich daraus mit Schimpf und Schande vertrieben werde. (An Ch. G. Voigt, Weimar, 27. Februar 1816)

Fehler der sogenannten Aufklärung: daß sie Menschen Vielseitigkeit gibt, deren einseitige Lage man nicht ändern kann. (XII, 387)

Wunderlich genug daß jener, von mir selbst aufgegebene und vergessene *Prometheus* grade jetzt wieder auftaucht. Der bekannte Monolog, der in meinen Gedichten steht, sollte den dritten Akt eröffnen. … Lasset ja das Manuskript nicht zu offenbar werden, damit es nicht im Druck erscheine. Es käme unserer revolutionären Jugend als Evangelium recht willkommen … Merkwürdig ist es jedoch, daß dieses widerspenstige Feuer schon fünfzig Jahre unter poetischer Asche fortglimmt … (An Zelter, Karlsbad, 11. Mai 1820)

Der Wahnsinn des französischen Hofes hat den Talisman zerbrochen, der den Dämon der Revolution gefesselt hielt.
(Bericht des Kanzler v. Müller, 5. Januar 1831)

Es ist wahr, ich konnte kein Freund der französischen Revolution sein; denn ihre Greuel standen mir zu nahe und empörten mich täglich und stündlich, während ihre wohltätigen Folgen damals noch nicht zu ersehen waren. Auch konnte ich nicht gleichgültig dabei sein, daß man in Deutschland *künstlicher Weise* ähnliche Szenen herbeizuführen trachtete, die in Frankreich Folge einer großen Notwendigkeit waren.

Ebenso wenig aber war ich ein Freund herrischer Willkür. Auch war ich vollkommen überzeugt, daß irgend eine große Revolution nie Schuld des Volkes ist, sondern der Regierung. Revolutionen sind ganz unmöglich, sobald die Regierungen fortwährend gerecht und fortwährend wach sind, so daß sie ihnen durch zeitgemäße Verbesserungen entgegenkommen, und sich nicht so lange sträuben, bis das Notwendige von unten her erzwungen wird.

Weil ich nun aber die Revolutionen haßte, so nannte man mich einen *Freund des Bestehenden.* Das ist aber ein sehr zweideutiger Titel, den ich mir verbitten möchte. Wenn das Bestehende alles vortrefflich, gut und gerecht wäre, so hätte ich gar nichts dawider. Da aber neben vielem Guten zugleich viel Schlechtes, Ungerechtes und Unvollkommenes besteht, so heißt ein Freund des Bestehenden oft nicht viel weniger als ein Freund des Veralteten und Schlechten.
(Eckermann, 4. Januar 1824)

Und wenn man auch den Tyrannen ersticht,
Ist immer noch viel zu verlieren.
Sie gönnten Cäsarn das Reich nicht
Und wußten's nicht zu regieren. (I, 331)

Was klagst du über Feinde?
Sollten solche je werden Freunde,
Denen das Wesen, wie du bist,
Im stillen ein ewiger Vorwurf ist? (II, 53)

Ihr könnt mir immer ungescheut
Wie Blüchern Denkmal setzen;
Von Franzen hat er euch befreit,
Ich von Philisternetzen. (I, 322)

BESITZEN, GENIESSEN, BEHARREN

Eine Sammlung von Anekdoten und Maximen ist für den Weltmann der größte Schatz, wenn er die ersten an schicklichen Orten ins Gespräch einzustreuen, der letzten im treffenden Falle sich zu erinnern weiß. (XII, 545)

Im Idealen kommt alles auf die élans, im Realen auf die Beharrlichkeit an. (XII, 539)

Die stille Freude wollt ihr stören?
Laßt mich bei meinem Becher Wein;
Mit andern kann man sich belehren,
Begeistert wird man nur allein. (I, 390)

Den liebsten Buhlen den ich hab'
Der liegt beim Wirt im Keller,
Er hat ein graues Röcklein an,
Und heißt der Muskateller.
(An Willemer, Weimar, 15. November 1815)

Mir ist der Besitz nötig, um den richtigen Begriff der Objekte zu bekommen. Frei von den Täuschungen, die die Begierde nach einem Gegenstand unterhält, läßt erst der *Besitz* mich ruhig und unbefangen urteilen. Und so liebe ich den *Besitz*, nicht der beseßnen Sache, sondern meiner Bildung wegen, und weil er mich *ruhiger* macht. (Bericht des Kanzlers v. Müller, 23. Oktober 1812)

Der sinnliche Mensch lacht oft, wo nichts zu lachen ist. Was ihn auch anregt, sein inneres Behagen kommt zum Vorschein. (XII, 529)

Wir wollen das alles wie seit so vielen Jahren vorübergehen lassen und immer nur auf das hinarbeiten was wirksam ist und bleibt. Ich habe gar manche hübsche Faden fortzuspinnen, zu haspeln und zu zwirnen, die mir niemand abreißen kann. (An Zelter, Weimar, 20. Oktober 1831)

Du trägst sehr leicht, wenn du nichts hast;
Aber Reichtum ist eine leichtere Last. (I, 317)

All unser redlichstes Bemühn
Glückt nur im unbewußten Momente.
Wie möchte denn die Rose blühn,
Wenn sie der Sonne Herrlichkeit erkennte! (I, 325)

Laßt fahren hin das allzu Flüchtige!
Ihr sucht bei ihm vergebens Rat;
In dem Vergangnen lebt das Tüchtige,
Verewigt sich in schöner Tat. (I, 341)

Trinke Mut des reinen Lebens!
Dann verstehst du die Belehrung,

Kommst mit ängstlicher Beschwörung
Nicht zurück an diesen Ort.
Grabe hier nicht mehr vergebens!
Tages Arbeit, abends Gäste!
Saure Wochen, frohe Feste!
Sei dein künftig Zauberwort. (I, 266)

Trunken müssen wir alle sein!
Jugend ist Trunkenheit ohne Wein;
Trinkt sich das Alter wieder zu Jugend,
So ist es wundervolle Tugend.
Für Sorgen sorgt das liebe Leben,
Und Sorgenbrecher sind die Reben. (II, 90)

ANDRER BÜRGER:
Nichts Bessers weiß ich mir an Sonn- und Feiertagen
Als ein Gespräch von Krieg und Kriegsgeschrei,
Wenn hinten, weit, in der Türkei,
Die Völker auf einander schlagen.
Man steht am Fenster, trinkt sein Gläschen aus
Und sieht den Fluß hinab die bunten Schiffe gleiten;
Dann kehrt man abends froh nach Haus,
Und segnet Fried' und Friedenszeiten. (III, 34)

FAUST: Ach, wenn in unsrer engen Zelle
Die Lampe freundlich wieder brennt,
Dann wird's in unserm Busen helle,
Im Herzen, das sich selber kennt.
Vernunft fängt wieder an zu sprechen,

Und Hoffnung wieder an zu blühn,
Man sehnt sich nach des Lebens Bächen,
Ach! nach des Lebens Quelle hin. (III, 43)

Ein weißer Glanz ruht über Land und Meer
Und duftend schwebt der Äther ohne Wolken (V, 72)

[Der Vater zu Hermann:]
Nur wohl ausgestattet möcht' ich im Hause
                    die Braut sehn;
Denn die Arme wird doch nur zuletzt vom
                    Manne verachtet,
Und er hält sie als Magd, die als Magd mit dem
                    Bündel hereinkam.
Ungerecht bleiben die Männer, und die Zeiten der
                    Liebe vergehen. (II, 452)

[Hermann:]
Aber der Bräutigam sprach mit edler, männlicher
                    Rührung:
»Desto fester sei bei der allgemeinen Erschüttrung,
Dorothea, der Bund! Wir wollen halten und dauern,
Fest uns halten und fest der schönen Güter Besitztum.
Denn der Mensch, der zur schwankenden Zeit auch
                    schwankend gesinnt ist,
Der vermehret das Übel und breitet es weiter und weiter;
Aber wer fest auf dem Sinne beharrt, der bildet die
                    Welt sich. …
Du bist mein; und nun ist das Meine meiner als jemals.

Nicht mit Kummer will ich's bewahren und sorgend
genießen,
Sondern mit Mut und Kraft. Und drohen diesmal die
Feinde
Oder künftig, so rüste mich selbst und reiche die Waffen.
Weiß ich durch dich nur versorgt das Haus und die
liebenden Eltern,
Oh, so stellt sich die Brust dem Feinde sicher entgegen.
Und gedächte jeder wie ich, so stünde die Macht auf
Gegen die Macht, und wir erfreuten uns alle des Friedens.«
(II, 514)

VERGEHEN

Wenn ich an meinen Tod denke, darf ich, kann ich nicht denken, welche Organisation zerstört wird. (XII, 514)

Mit meiner Schwester ist mir so eine starke Wurzel die mich an der Erde hielt abgehauen worden, daß die Äste, von oben, die davon Nahrung hatten auch absterben müssen.
(An seine Mutter, Weimar, 16. November 1777)

Es gibt keinen größeren Trost für die Mittelmäßigkeit, als daß das Genie nicht unsterblich sei. (XII, 524)

Du hast dich auf dem schwarzen Probiersteine des Todes als ein echtes, geläutertes Gold aufgestrichen. Wie herrlich ist ein Charakter, wenn er so von Geist und Seele durchdrungen ist, und wie schön muß ein Talent sein, das auf einem solchen Grunde ruht!
(An Zelter, Weimar, 3. Dezember 1812)

EGMONT: ... Süßes Leben! schöne freundliche Gewohnheit des Daseins und Wirkens! von dir soll ich scheiden! So gelassen scheiden! Nicht im Tumulte der Schlacht, unter dem Geräusch der Waffen, in der Zerstreuung des Getümmels ... Ich soll deine Hand fassen, dir noch einmal in die

Augen sehn, deine Schöne, deinen Wert recht lebhaft fühlen und dann mich entschlossen losreißen und sagen: Fahre hin! (IV, 449)

Wünsche bleiben mir wenig ... aber ich habe die recht angelegentliche Hoffnung, daß wir, die wir auf dem Kahne des Lebens so lange zusammen fuhren und schwankten, auch in Charons Nachen unzertrennt hinüberziehen möchten! (An Ch. G. Voigt, Jena, 5. Juni 1817)

Da hat mir ... ein junger Maler aus Berlin ... eine Landschaft mit einer Staffage zugesandt, welche ein entschiedenes Talent verrät ... und dennoch befinde ich mich mit dem Künstler ebensowenig wie mit seinem Gemälde in Übereinstimmung. Weshalb ... eilen [wir] aus dem dumpfen Gewühle der Stadt vor das Tor hinaus ins Freie? Wir ... wollen einen frischen Atemzug tun. Wohin führt uns nun aber Ihr Berliner Maler? In eine Winterlandschaft ... in welcher ihm Eis und Schnee nicht genug zu sein scheint; er überbietet, oder wir können sagen: er überwintert den Winter noch durch die widerwärtigsten Zugaben. Da sehen Sie einen ... Brunnen, aus dessen Löwen- oder Drachenrachen das festgefrorene Wasser wie eine Zunge von Eis heraushängt ... Und nun die Staffage: ein Zug von Mönchen, noch dazu Barfüßer, im Schnee, gibt einem abgeschiedenen Bruder ... das Geleit. Das sind lauter Negationen des Lebens und »der freundlichen Gewohnheit des Daseins« – um mich meiner eigner Worte zu bedienen. Zuerst also die erstorbene Natur ... dann Mönche, Flüchtlinge aus dem Leben, lebendig Begrabene: Mönche statuiere ich nicht; ... und nun zuletzt, nun vollends noch ein Toter, den Tod aber statuiere ich nicht.

(Bericht von Ernst Förster, 1825)

Man mag so gern das Leben aus dem Tode betrachten und zwar nicht von der Nachtseite, sondern von der ewigen Tagseite her, wo der Tod immer vom Leben verschlungen wird.

(An Nees v. Esenbeck, Weimar, 27. September 1826)

Am 26. August 1831 gegen Abend traf Goethe mit seinen beiden Enkeln und Bedienung im Gasthofe Zum Löwen hier [in Ilmenau] ein. ... Also besuchte ich ihn am 27. morgens, wo er schon seit früh 4 Uhr an seinem Tische beschäftigt war. Seine Freude war, wie er sagte, sehr groß, die hiesige Gegend, welche er seit dreißig Jahren nicht wieder besucht hatte ... wieder zu sehen ... Er wünsche das auf dem Kickelhahn befindliche, ihm von früherer Zeit her sehr merkwürdige Jagdhäuschen zu sehen ... Das kleine Waldhaus muß hier in der Nähe sein? Ich kann zu Fuß dahin gehen, und die Chaise soll hier so lange warten, bis wir zurückkommen. Wirklich schritt er rüstig durch die ... Heidelbeersträuche[r] hindurch, bis zu dem wohlbekannten zweistöckigen Jagdhause ... Beim Eintritt in das obere Zimmer sagte er: »Ich habe in früherer Zeit in dieser Stube mit meinem Bedienten im Sommer acht Tage gewohnt und damals einen kleinen Vers hier an die Wand geschrieben. Wohl möchte ich diesen Vers nochmals sehen, und wenn der Tag darunter bemerkt ist, an welchem es geschehen, so haben Sie die Güte, mir solchen aufzuzeich-

nen.« Sogleich führte ich ihn an das südliche Fenster der Stube, an welchem links mit Bleistift geschrieben steht: Über allen Gipfeln ist Ruh …
D. 7. September 1783 Goethe.
Goethe überlas diese wenigen Verse, und Tränen flossen über seine Wangen. Ganz langsam zog er sein schneeweißes Taschentuch aus seinem dunkelbraunen Tuchrock, trocknete sich die Tränen und sprach in sanftem, wehmütigem Ton: »Ja, warte nur, balde ruhest du auch!«, schwieg eine halbe Minute … und wendete sich darauf zu mir, mit den Worten: »Nun wollen wir wieder gehen.«
(Bericht von J. Ch. Mahr, 27. August 1831)

Sibyllinisch mit meinem Gesicht
Soll ich im Alter prahlen!
Je mehr es ihm an Fülle gebricht,
Desto öfter wollen sie's malen! (I, 323)

Sagt es niemand, nur den Weisen,
Weil die Menge gleich verhöhnet,
Das Lebend'ge will ich preisen,
Das nach Flammentod sich sehnet. …

Und so lang du das nicht hast,
Dieses: Stirb und werde!
Bist du nur ein trüber Gast
Auf der dunklen Erde. (II, 18f.)

Wirken wir fort bis wir, vor oder nacheinander, vom Weltgeist berufen in den Äther zurückkehren! Möge dann der

ewig Lebendige uns neue Tätigkeiten, denen analog in
welchen wir uns schon erprobt, nicht versagen!
(An Zelter, Weimar, 6. März 1827)

Hätte Gott mich anders gewollt,
So hätt' er mich anders gebaut;
Da er mir aber Talent gezollt,
Hat er mir viel vertraut.
Ich brauch' es zur Rechten und Linken,
Weiß nicht, was daraus kommt;
Wenn's nicht mehr frommt,
Wird er schon winken. (I, 320)

Des Todes rührendes Bild steht
Nicht als Schrecken dem Weisen und nicht als Ende
                              dem Frommen.
Jenen drängt es ins Leben zurück und lehret ihn handeln;
Diesem stärkt es zu künftigem Heil im Trübsal
                              die Hoffnung;
Beiden wird zum Leben der Tod. (II, 504)

»Alles, was … von mir bekannt geworden, sind nur Bruchstücke einer großen Konfession«, sagte Goethe in seiner
Autobiographie und fügte hinzu: »welche vollständig zu
machen dieses Büchlein ein gewagter Versuch ist.« (IX, 283)
Weitaus gewagter noch wäre ein Versuch, diese große
Konfession dadurch »vollständig zu machen«, dass man die
einzelnen Bruchstücke sammelt und sortiert und sich in den
Kopf setzt, sie zu einem mosaikartigen Gesamtbild zusam-
menzufügen. Wenngleich Goethe – der ja fand, die Literatur sei »von Haus aus fragmentarisch« – selbst damit
begonnen hat, könnte man sein ganzes Leben dieser Aufgabe widmen, ohne je Gewissheit zu erlangen, dass man
die optimale Auswahl und Reihenfolge gefunden hat. Man
kann aber auch ganz anders verfahren, nämlich Goethe ein
paar Jahre lang gründlich zur Kenntnis nehmen, ihn dann
einige Jahrzehnte lang nicht aus den Augen lassen und
schließlich ein Büchlein etwa so machen, wie man, durch
einen weitläufigen Garten spazierend, einen Blumenstrauß
zusammensteckt.

Ein derartiger Strauß ist das vorliegende Buch. Es erhebt
also keinerlei philologische oder editorische Ansprüche.
Die zitierten Sätze, Sprüche, Verse oder auch Dialoge sind
weder chronologisch geordnet, noch orientiert sich die
Reihenfolge an einer der großen Goethe-Ausgaben, un-
abhängig von deren Verdiensten. Die meisten Texte sind
gekürzt, selbst wenn sie aus den aphoristischen *Maximen
und Reflexionen* stammen, die Max Hecker erstmals 1907
aus Goethes Gesamtwerk zusammengestellt hat. Statt der
chronologischen Folge, die sich auf Goethes eigene An-

sätze stützen konnte, hat Hans Joachim Schrimpf in der Hamburger Ausgabe eine thematische Folge gewählt. Da wir uns hier aber leiten lassen von dem Goethe-Vers »Das Beste möcht' ich euch vertrauen«, sind wir auch davon abgewichen. Das Beste, was Goethe uns zu vertrauen hat, liegt nämlich weder in seinen philosophischen Sentenzen, noch in seinen lyrischen Versen, sondern darin, dass er ein philosophischer Poet und ein poetischer Philosoph war, Gefühl und Gedanke, Ausdruck und Sinn bei ihm zusammenfließen. Und ein weiteres Element fließt ein: Goethes Weisheit ist kein Lehrgebäude, keine in sich ruhende Gedankenwelt, sondern sie ist aus seinem Leben erwachsen, untrennbar mit seiner Biographie und seinen Erlebnissen verbunden – und das soll spürbar werden. Er, der Zeit seines Lebens die meisten Zeitgenossen an Talent und Verstand, Fleiß und Wissen, Kraft und Vermögen, Ruhm und Ansehen überragte, hatte eine »autoritäre Haltung« nicht nötig; es war sein täglicher Umgang mit Knechten und Fürsten, Mägden und Hofdamen, Geschäftsleuten und Gelehrten, aus dem er schloss, dass man die Menschen nicht sich selbst überlassen könne, sondern dass sie »regiert« werden müssen.

Die treffendsten Worte für Goethes Größe fand einer, der ihm anfangs mit neidischem Groll gegenübergestanden war: Friedrich Schiller. Er schrieb am 23. November 1800 an Charlotte Gräfin von Schimmelmann in Kopenhagen: »Nach meiner innigsten Überzeugung kommt kein anderer Dichter ihm an Tiefe der Empfindung und an Zartheit derselben, an Natur und Wahrheit und zugleich an hohem Kunstverdienste auch nur von weitem bei. Die Natur hat ihn reicher ausgestattet als irgendeinen, der nach

Shakespeare aufgestanden ist. Und außer diesem ... hat er sich durch rastloses Nachforschen und Studium mehr gegeben als irgend ein anderer.«

So vieles zugleich

Goethe war nicht nur ein besonders genialer Mensch, sondern zugleich ein annähernd normaler, und das ist einer der Gründe für seine Einzigartigkeit. Er war so vieles zugleich: Dichter und Staatsmann, Künstler und Naturforscher; er war das Originalgenie schlechthin und ein Verächter von Originalität; er war konzentriert und zerstreut, penibel und verschwenderisch, diszipliniert und spontan. Im Gegensatz zu Schiller fand er beispielsweise, das Dichten sei eigentlich nur erlaubt, wenn man den Drang dazu nicht mehr unterdrücken könne. Noch in seinem letzten, von Peter Schünemann »vermächtnishaft« genannten Brief, hat er sich dafür entschuldigt, dass er sich bei der Fertigstellung des *Faust* erlaubt habe, »dasjenige durch Vorsatz und Charakter zu erreichen, was eigentlich der freiwillig tätigen Natur allein zukommen sollte.« Und blickt man in sein kleines, absichtlich unbequem gehaltenes Arbeitszimmer, so empfindet man, was dieser Mann vor allem »zugleich« war: Er war – wie kaum ein zweiter – robust und zart, imponierend und rührend. (Beim Lesen von Manzoni fiel er selber »von der Rührung immer in die Bewunderung«.)

Ganz besonders rührend und imponierend, robust und zart zugleich, ist Goethes Liebeslyrik. Sie ist es durch das Zugleich von Sensibilität und Sexualität, von sublimster Innigkeit und unbefangenster Sinnlichkeit, alles eingebettet in eine panerotische Naturliebe und Weltfrömmigkeit. Das war und ist einzigartig. Die soziale Oberschicht der Epoche (vom Rokoko bis weit in die Zeit Metternichs hinein) war in ihrer erotischen Praxis recht freizügig; Goethes Herzog Carl August z.B. steckte seine »Bastarde« zu den Försterskindern. Aber die freizügige Praxis (samt ausgiebiger Pornographie) durfte die pietistische Theorie (sprich: Prüderie) nicht verletzen – und genau das tat Goethe. Er hat die Weimarer Gesellschaft, die höfische wie die bürgerliche, doppelt brüskiert: erst durch seine Liaison mit einem Blumenmädchen, und dann dadurch, dass er – in dem Alter, in dem andere sich ihrer Jugendlasten entledigen – die Mamsell zur Geheimrätin machte.

Ein Skandal war zuvor schon die Teil-Publikation der *Römischen Elegien* in Schillers Zeitschrift *Die Horen*, die man, wie Herder spitz bemerkte, künftig wohl *Die Huren* nennen müsse. Man nahm ja sogar Anstoß an dem Vers IV, 198f. in *Hermann und Dorothea*, wo die Mutter dem Sohne wünscht, »die Braut in die Kammer zu führen, / Daß dir werde die Nacht zur schönen Hälfte des Lebens«. Und manche seiner »Priapea« – wie etwa *Das Tagebuch* – hat Goethe unter Verschluss gehalten, obwohl da von Pornographie keine Rede sein konnte.

Goethezeit

»Das Glück des Genies: wenn es zu Zeiten des Ernstes geboren wird.« Das steht in Goethes Nachlass, und in diesem Sinne hat er Glück gehabt: Seine Zeit war eine ernste, eine Zeit mit enormer Spannweite, und mit gutem Grund nennen wir sie »Goethezeit«. In Mozarts Geburtsjahr erlebte er als Siebenjähriger eine Kaiserkrönung mittelalterlichen Stils und als Vierzehnjähriger hörte er das Wunderkind spielen; genau in der Mitte seines Lebens lag die große Zeitenwende der Französischen Revolution. Als er, noch in Frankfurt, mit dem *Faust* begann, waren Gretchens Spinnrad und Mephistos Webstuhl noch Bestandteile des Alltags; als er sechzig Jahre später dieses Welt- und Menschheitsdrama abschloss, waren sie bereits historische Reminiszenzen und Metaphern. Dem alten Goethe war bewusst, dass Industrie und Demokratie vor der Tür standen; so interessierte er sich z. B. brennend für die großen Kanalprojekte (Suez, Panama, Rhein-Donau) und ließ sich auch eingehend über die amerikanische Präsidentenwahl unterrichten.

Sein Jugendwerk wurzelt im Rokoko (Pietismus und Anakreontik) und gipfelt in jenem »Sturm und Drang«, dessen Grundstein er mit seinem *Götz von Berlichingen* gelegt hat. Beginnend mit *Iphigenie auf Tauris* war anschließend auch die »Deutsche Klassik« − die etwas gänzlich anderes ist als der vor, während und nach der Goethezeit existierende europäische Klassizismus − primär sein Werk. Dass dann Schiller zu einer parallelen Synthese von jugendlichem Elan und reiflicher Überlegung kam, das war staunenswert, und dass die beiden sich dann auch noch zur »Weimarer Klassik« zusammenschlossen, das ist ein wahres Weltwunder. In den Roman-Montagen seines Alterswerks griff Goethe hinaus über das gerade anbrechende Jahrhundert der großen Romane, aber viel weiter noch griff er zurück: Über Goethe stehen wir in Kontakt mit der Antike. *Hermann und Dorothea* lesend wusste Schiller, dass es keine Pose war, als Goethe schrieb: »Doch Homeride zu sein, auch nur als letzter, ist schön.«

Über Nietzsche sagte sein Schüler-Freund Köselitz, er sei »eine Kultur für sich«. Fast gleichlautend hatte Nietzsche das über Goethe gesagt: Für die meisten Deutschen sei er nämlich nur »eine Fanfare der Eitelkeit« und »ein Zwischenfall ohne Folgen«. Bei diesem Griff in seinen Giftschrank dachte Nietzsche aber wohl mehr an sich selbst als an Goethe. In Wahrheit hat sich der geistige Charakter der Deutschen in der Auseinandersetzung mit dem *Faust* gebildet, und Goethes Lyrik hat kaum einen gebildeten Deutschen unberührt gelassen.

Dass Goethe kein folgenloser Zwischenfall war, sondern ein europäisches Ereignis, das konnte Eckermann schon 1830 konstatieren, als er mit Goethes Sohn nach Italien aufbrach: »Auch werden wir überall in den großen Städten von Gesandten, Künstlern und Gelehrten gut aufgenommen werden«, schrieb er an seine Braut, denn »man wird Goethes Sohn die Ehre und Liebe erweisen, die man gern seinem Vater antun möchte.« Und was für ein Balsam war es schließlich 1949 für die schwer verwundete deutsche Seele, als die ganze Welt Goethes 200. Geburtstag bemerkenswerter fand als die Gründung der Bundesrepublik.

Damals begann jedoch die »Gruppe 47« zu dominieren, die (wie später die »68-er«) Goethes »Forderung des Tages« ganz anders verstand als dieser, nämlich als moralischen Auftrag, vorsätzlich für den Tag und die Stunde zu schreiben. Viele ihrer Repräsentanten konnten Goethe nicht wohlgesonnen sein: Sie zählten seine Distanz zur »Menge« und seinen bildungsbürgerlichen Aristokratismus zu den Ursachen der deutschen Katastrophe. Dennoch blieb Goethe für viele Menschen weiterhin das, was er zu Lebzeiten 60 Jahre lang gewesen war: ein Gegenstand öffentlicher Verehrung.

Tätiges Denken

Fühlen, Denken, Dichten, Handeln, das ging bei Goethe ineinander über. Darauf beruht seine Weisheit, und sie ist das Beste, was er uns anvertrauen wollte. Mit so vielem kam er in Berührung, dass es kaum Gegenstände der Welt oder Stationen des Lebens gibt, zu denen wir bei ihm keine Äußerungen finden ließen. Er hat sich auf Schritt und Tritt geäußert, und das darf man schon deshalb wörtlich nehmen, weil er sich fast nur zum Essen niedersetzte. In seinem Arbeitszimmer stand er entweder am Pult oder ging diktierend auf und ab; auf unzähligen Wanderwegen, zu Pferd oder in der Reisekutsche, fortwährend war dieser Mann in Bewegung und damit beschäftigt aufzunehmen, das Aufgenommene zu verarbeiten und das Verarbeitete festzuhalten.

»Im Anfang war das Wort«, diesen ersten Satz des Johannes-Evangeliums hat Faust übersetzt mit »Im Anfang war die Tat!« (III, 44). Faust hat das »getrost« hingeschrieben, aber das war kühn, denn wie soll es die Tat ohne den Täter geben? Darauf kam es Goethe jedoch nicht an. Es kam ihm darauf an, dass nicht Worte, Begriffe, Abstraktionen im Vordergrund stehen, sondern Tätigkeiten. In seinem bereits zitierten letzten Brief, fünf Tage vor seinem Tod an Wilhelm von Humboldt gerichtet, spricht er von seiner Existenz als »einem so lange tätig nachdenkenden Leben«. *Tätig nachdenkend* – darauf soll es uns ankommen!

Beide Wörter sind da von gleichem Gewicht, denn was Goethe wollte, das waren »klugtätige Menschen«.

Goethes Lebensweisheiten reihen wir daher nicht anhand von Themen und Begriffen auf (Jugend, Beruf, Wille, Freiheit, Gott, Wissenschaft, Kunst etc.), sondern anhand von Tätigkeiten. Wichtig ist dabei auch die sprachliche Form: Die »Spruchweisheit« ist eine gesprochene, keine geschriebene Weisheit, wozu Rüdiger Görner bemerkt hat: »Wer in Sprüchen spricht, will nicht nur Gedanken in besonderer Weise fassen, sondern auch das Denken anderer prägen.« So wurde Goethe ein Weisheitslehrer, dessen Weisheiten aus seinem Leben stammen, und die – da Meinungen für ihn »nur Supplemente unsrer Existenz« waren – auch durchwegs mehr oder weniger indirekte Selbstporträts sind.

Goethes Weisheiten wollen also leben lehren. Die Lehren selbst sind freilich in Worte gefasst, Worte, die Gefühle und Gedanken transportieren, und deren Aufgabe es ist, das fluktuierende Gefühlsleben zu stabilisieren. Genau dies hat der Dichter des *Faust* in seinem *Prolog im Himmel* dem »Herrn« als Dienstanweisung an die Seinen in den Mund gelegt. Nachdem er Mephistopheles erklärt hat, er müsse reizen und wirken und »als Teufel schaffen«, wendet der Herr sich den Engeln zu und sagt:

»Doch ihr, die echten Göttersöhne,
Erfreut euch der lebendig reichen Schöne!
Das Werdende, das ewig wirkt und lebt,
Umfass' euch mit der Liebe holden Schranken,
Und was in schwankender Erscheinung schwebt,
Befestiget mit dauernden Gedanken.« (III, 18f.)

EDITORISCHE NOTIZ

Die Quellenangaben verweisen in der Regel auf die Hamburger Ausgabe, die 1948–60 im Verlag Christian Wegner erschien, 1972 vom Verlag C.H. Beck übernommen wurde und (stets band- und seitengleich) seit 1982 auch im Deutschen Taschenbuch Verlag erhältlich ist (dtv 59038). Da es von Goethe sehr wenige undatierte Briefe gibt, werden Briefstellen mit Adressat, Ort und Datum belegt; Zitate aus Goethes Gesprächen sind mit den Namen der Gesprächspartner und dem Datum gekennzeichnet.

Beispiele für Quellenangaben:

III, 219 = Goethes Werke, Hamburger Ausgabe, Band 3, Seite 219.

An … = Aus Goethes Briefen, zitiert nach Adressat, Ort und Datum. Die Schreibweise wurde modernisiert (*Tat* und *sein* statt *That* und *seyn*); Eigenheiten Goethes, z.B. seine Abneigung gegen Kommata, blieben unangetastet.

Eckermann, 18. November 1828 = Johann Peter Eckermann, Gespräche mit Goethe in den letzten Jahren seines Lebens, Eintrag vom 18. November 1828; erschienen 1836 (I–II) und 1848 (III).

Bericht von … = Goethes Gespräche [ohne die Gespräche mit Eckermann, aber mit Eckermanns Tagebuch-Eintragungen], auf der Basis der Ausgabe und des Nachlasses von Flodoard Freiherr von Biedermann, ergänzt und herausgegeben von Wolfgang Herwig, dtv 59039, band- und textidentisch mit der Ausgabe des Artemis Verlags, Zürich 1965–1987, Erstdrucke 1889–1911.